학생들의
학습 의욕
일깨우기

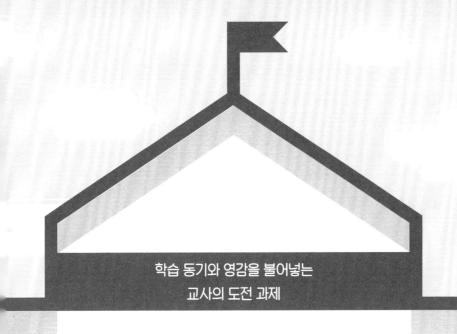

학습 동기와 영감을 불어넣는
교사의 도전 과제

학생들의 학습 의욕 일깨우기

Allen N. Mendler 지음 / 안찬성 옮김

교사의 도전적 과제 중 하나는
학생들의 학습 의욕을 불러일으키는 것이다

"학습 의욕이 없는 학생들과 함께 수업한다는 것 자체가 교사에게는 하나의 도전이자 어려움일 수 있다. 아마도 학습 의욕을 잃고 수업에 집중하지 못하는 학생들은 교사에게 '학습 의욕을 갖고 수업에 집중하는 다른 많은 학생이 있는데 내가 왜 나를 성가시게 하는 학생들에게 신경을 써야 하지? 내가 왜 이들 때문에 괴롭힘을 받아야 하지?'라는 회의감을 불러일으킬지도 모른다. 또 이들은 교사에게 자괴감과 패배감을 불러일으키고, 교사의 권위에 도전하면서 수업을 방해하고 격한 감정을 드러낼 수도 있다. 한마디로 교사는 이들 때문에 완전히 녹초가 될지도 모른다.

그러나 교사이기 때문에 학습 의욕을 잃어버린 학생들에게 학습 동기를 부여할 책임을 외면할 수는 없으며, 이들의 학습 의욕을 높이기 위해서는 무엇보다도 교사 스스로 '나의 가르침은 학생들의 학업을 개선할 것이다'라는 확고한 믿음을 갖고 이들의 작은 변화에도 큰 즐거움을 느껴야 한다."

이 책의 저자는 위와 같은 문제의식을 토대로 '학습 의욕이 없는 학생들을 포함한 모든 학생에게 학습에 대한 동기와 영감을 불어넣기 위한' 교사의 도전적 과제를 다섯 가지로 선정하였다.

- 노력 불러일으키기
- 자신감과 희망 심어주기
- 참여도와 영향력 높이기
- 인간관계 맺기
- 학습에 대한 열정 불러일으키기

이 책은 다섯 개의 장(다섯 가지 도전 과제)으로 구성되어 있으며, 각 장에는 왜 도전 과제가 중요한지에 대한 간략한 설명과 함께 도전 과제에 대한 여러 가지 해결 방안이 제시되어 있다.

부디 이 책이 학생들의 학습 의욕을 일깨우는 데 관심 있는 독자들에게 영감과 반향을 일으키길 바라며, 이 책의 번역에 대한 실수는 전적으로 역자의 책임이라 하겠다.

2025년 1월

안찬성

차례

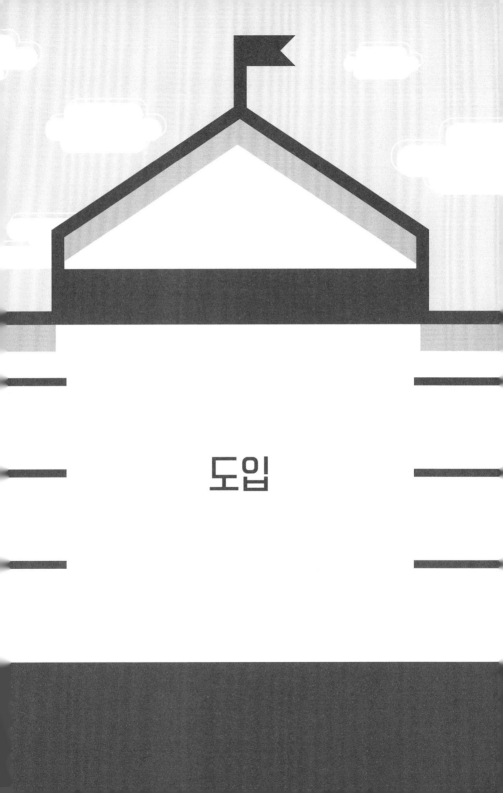

도입

동기 부여는 당신이 누군가가 해주길 바라는 것을
누군가가 의욕적으로 하도록 이끄는 심리적 기술이다.

- 드와이트 D. 아이젠하워(Dwight D. Eisenhower) -

다음과 같은 말 중에서 익숙하게 들리는 것이 있나요?

"이 수업은 지루하고 재미없어요."
"이걸 무슨 수로 다 한단 말이에요?"
"이건 불공평해요."
"왜 선생님은 항상 나를 성가시게 하나요?"
"이 문제를 푸는 것은 나에게 무리한 일이에요."

2016년 미국의 갤럽 여론조사에 따르면, 조사에 참여한 학생(5~12학년) 중에서 절반 이상이 학교 수업에 적극적으로 참여하지 않는다고 하였다. 그리고 Education Week(미국 교육신문)의 여론조사에 따르면 조사에 참여한 교사와 관리자 중에서 40%만이 '학생들 대부분이 학교 수업에 의욕을 보인다'라고 응답하였다. 특히 빈곤 지역의 학교에서 근무하는 교사와 관리자의 경우에는 이러한 응답 비율이 40%보다 훨씬 더 낮았다(Collier, 2015).

아이러니한 점은 학교 수업에 적극적으로 참여하지 않는다고 응답한 학생들 대부분이 초등학교에 입학할 당시에는 학업에 대한 의욕과 열정이 높았다는 것이다. 즉 이 학생들은 한때 의욕적인 학습자였다는 것이다. 아마도 이들은 학습에 대한 호기심과 열망이 너무 커서 학교 첫날이 오길 손꼽아 기다렸을지도 모른다.

📖 왜 학생들은 학습 의욕을 잃을까?

풍요를 상징하고 특정한 자격이나 능력을 요구하는 지금의 시대에서 몇몇 부모들은 자녀에 대한 죄책감과 집착으로 인하여 자녀에게 맹목적으로 물질적인 무언가를 제공하려는 경향이 강하다. 메릴랜드 주에 본부를 둔 한 소비자 단체에 따르면, 아이들은 유명 브랜드의 물건을 사기 위해 자신의 부모에게 평균 아홉 번 정도 떼를 쓴다고 하였다(Seith, 2017). 그리고 가정의 경제적 형편과는 상관없이 몇몇 부모들은 자녀에게 최신식 핸드폰이나 운동화를 사주어야 한다는 압박감을 느끼고 있었다.

요컨대 부모들이 자녀에게 회복력, 인내, 노력 등과 같은 삶의 역량을 가르치지 않고 자녀의 비위만을 맞추려고 했을 때, 자녀는 준비성, 실천력, 인내력 등을 요구하는 학교로부터 소외감을 느낄 수 있다. 이와 유사한 맥락에서 몇몇 학생들은 학교로부터 단절감을 느끼고 학업적 역량을 불필요한 것으로 여긴 나머지 학교를 그만두기도 하며,

낯설게 느껴지는 학교 환경에 분노하고 그 분노를 표출하기 위해 학업을 거부하기도 한다. 또 다른 학생들은 학업에 대한 두려움과 부담감 때문에 "난 학업에 관심 없어"라는 냉소적인 태도를 보이기도 한다. 거두절미하고 나는 이러한 학생들을 '학습 의욕을 잃어버린 학생' 또는 '학습 동기가 부족한 학생'으로 정의하고 싶다.

내가 학습 동기에 관심 있는 교사들로부터 '어떻게 하면 학습 의욕이 없는 학생들에게 학습 동기를 부여할 수 있는지'에 관한 질문을 받게 되면, 다음과 같이 우회적으로 대답하곤 한다.

학습 동기는 학습에 대한 흥미와 관심을 유발하는 것, 잃었던 학습 의욕을 되찾는 것, 학습에 관한 무언가를 탐구하고 싶은 마음을 일으키는 것, 바람직한 행동에 관한 무언가를 실천하고 싶은 마음을 일으키는 것, 주변 현상에 관한 무언가를 알고 싶은 마음을 일으키는 것, 가치 있는 무언가를 이루고 싶은 마음을 일으키는 것 등과 관련되어 있다. 즉 학습 동기는 학습 행위를 강요하는 것이 아니라 학습 의지를 불러일으키는 것이다. 이것은 기업이 이윤 창출을 위해 소비자에게 특정 제품을 구매하도록 강요하기보다 그 제품을 구매하는 것이 삶의 질을 높일 것이라는 소비자의 생각을 불러일으키는 것과 유사하다.

학습 의욕이 없는 학생들과 함께 수업한다는 것 자체가 교사에게는 하나의 도전이자 어려움일 수 있다. 게다가 교사가 학습에 대한 희망과 열정을 잃어버린 학생들에게 지속적인 관심과 시간을 할애하기란

쉬운 일이 아니다. 아마도 학습 의욕을 잃고 수업에 집중하지 못하는 학생들은 교사에게 '학습 의욕을 갖고 수업에 집중하는 다른 많은 학생이 있는데 내가 왜 나를 성가시게 하는 학생들에게 신경을 써야 하지? 내가 왜 이들 때문에 괴롭힘을 받아야 하지?'라는 회의감을 불러일으킬지도 모른다. 또 이들은 교사에게 자괴감과 패배감을 불러일으키고, 교사의 권위에 도전하면서 수업을 방해하고 격한 감정을 드러낼 수도 있다. 한마디로 교사는 이들 때문에 완전히 녹초가 될지도 모른다.

그러나 교사이기 때문에 학습 의욕을 잃어버린 학생들에게 학습 동기를 부여할 책임을 외면할 수는 없으며, 이들의 학습 의욕을 높이기 위해서는 무엇보다도 교사 스스로 '나의 가르침은 학생들의 학업을 개선할 것이다'라는 확고한 믿음을 갖고 이들의 작은 변화에도 큰 즐거움을 느껴야 한다.

사실상 거의 모든 교실에는 높은 학업성취를 바라지 않거나 학업에 의욕을 보이지 않는 학생들이 있기 마련이다. 당연히 이 학생들의 학습 의욕을 높이고 행동 문제를 줄이는 것은 교사의 최대 관심사 중 하나일 수밖에 없다.

나는 이 책을 통해 학습 의욕을 잃어버린 학생들을 포함한 모든 학생에게 학습 동기를 부여할 수 있는 여러 가지 방법을 제시하였으며, 이러한 방법은 이들이 학습에 대한 희망과 가치를 재발견하도록 도움을 줄 것이다.

📖 성공적인 학습을 이끄는 데 필요한 몇 가지 믿음

교사는 학습 의욕이 없는 학생들을 포함한 모든 학생에게 학습 동기를 부여하기 위해 먼저 다음과 같은 믿음을 받아들여야 한다.

＼ 학생들은 적절한 학습 도구와 학습 정보를 지닐 때 효과적으로 학습할 수 있다.
학습 의욕이 넘치는 학생들일지라도 반복적으로 학습 부진을 겪게 되면, 이들의 학습 의욕은 현저히 떨어지게 된다.

＼ 학생들은 뭔가를 학습하면서 긴장과 불안을 느끼기 마련이다. 따라서 교실은 물리적으로나 심리적으로나 안정된 공간일 필요가 있다.

＼ 학생들은 소속에 대한 욕구, 유능함에 대한 욕구, 영향력에 대한 욕구 등과 같은 심리적 욕구를 지니고 있다. 학습 동기는 이러한 심리적 욕구가 충족될 때 일어난다.

＼ 높은 자존감은 이루고자 하는 목표가 아니라 어려운 과제를 해결했을 때 수반되는 하나의 결과이다.

＼ 높은 학습 동기는 교사가 학생들을 존중하고 배려할 때 일어난다.

이러한 믿음은 아래의 다섯 가지 실천 과제를 수행함으로써 실현될 수 있으며, 교사는 학습 의욕이 없는 학생들을 포함한 모든 학생에게 학습에 대한 동기와 영감을 불어넣기 위해 이 과제를 활용할 수 있다.

❶ 노력 불러일으키기
❷ 자신감과 희망 심어주기
❸ 참여도와 영향력 높이기
❹ 인간관계 맺기
❺ 학습에 대한 열정 불러일으키기

이 책은 다섯 개의 장(다섯 가지 실천 과제)으로 구성되어 있으며, 각 장에는 왜 실천 과제가 중요한지에 대한 간략한 설명과 함께 실천 과제에 대한 여러 가지 해결 방안이 제시되어 있다.

반성적 물음 ❓

    교사로서 당신은 도입부에서 알게 된 내용을 되새기기 위해 다음과 같은 물음을 활용할 수 있다. 그리고 당신은 동료 교사들과 함께 이러한 물음을 공유할 수 있다.

학습 의욕을 떨어뜨리는 요인에는 무엇이 있는가?
이러한 요인의 영향을 받은 학생들은 만족스러운 학업성취를 이루고 있는가?

> 몇몇 학생들은 학교에 입학한 후 얼마 동안은 수업 시간에 열정적으로 참여하나 시간이 흐르고 학년이 올라감에 따라 점점 더 학습 의욕을 잃게 된다. 그 이유는 무엇인가?
> 이들의 학습 의욕을 높이기 위해 당신은 무엇을 할 수 있는가?

수업 중 정보화 기기의 사용은 학생들의 학습 동기를 불러일으키는가?
그렇다면 그 이유는 무엇인가?

제1장

노력
불러일으키기

당신을 성공이라는 정상까지 태워주는 엘리베이터는 존재하지 않는다.
당신이 정상에 이르기 위해서는 오직 계단을 하나씩 올라야만 한다.

- 지그 지글러(Zig Ziglar) -

나는 농구선수 시절에 치른 경기 중에서
거의 3백 번을 졌고, 9천 번 이상의 슛을 성공시키지 못하였다.
그래도 나는 포기하지 않았다. 이것이 나의 성공 비결이다.

- 마이클 조던(Michael Jordan) -

사실 거의 모든 학급에는 수업을 방해하거나 학습에 무관심한 학생들이 있기 마련이며, 이들의 부정적인 행동과 노력 부족은 교사의 심기를 불편하게 하거나 화를 부추기기까지 한다. 교사는 이들의 문제 상황을 개선하기 위해 학부모와의 상담을 시도하거나 낙제 점수를 부여해 보기도 하지만 별다른 효과를 얻지 못하는 경우가 대부분이다. 자칫 이런 방법은 이들의 일탈 행동을 초래할 수도 있고, 교사에게 실패감이나 무기력감을 줄 수도 있다. 요컨대 수업 중 부정적인 행동을 하는 학생들의 태도를 개선하기 위해서는 무언가 새로운 시도가 필요할 것으로 보인다.

　이 장에서는 학습 의욕을 잃은 학생들을 포함한 모든 학생에게 자신감과 학습 동기를 부여하기 위해 '학생들의 노력을 불러일으키는 것이 왜 중요한지'와 '학생들의 노력을 불러일으킬 구체적인 방안'을 다루고 있다.

📖 왜 노력을 불러일으키는 것이 중요할까?

학업에 대한 자신의 무능함을 느끼고 학업을 포기하거나 학습 의욕을 잃은 학생들을 포함한 모든 학생에게 학습 동기를 부여하기 위해서는 이들의 학업적 노력을 불러일으키는 것이 아주 중요하다.

중학교 입학생을 대상으로 수행된 드웩(Dweck, 2016)의 연구는 교사와 학생 모두에게 시사하는 바가 크다. 그의 연구 결과는 다음과 같다.

> ＼ '지능("나는 머리가 좋지 못해" 또는 "나는 똑똑하지 못해")은 학업적 성공을 좌우하는 주된 요인이다'라고 믿는 학생들은 '학업적 성공을 좌우하는 결정적 요인은 노력("나는 좀 더 열심히 공부할 필요가 있어")이다'라고 믿는 학생들보다 학업 성취도가 더 낮은 경향을 보였다.
>
> ＼ 고착형 사고방식(또는 부정적 사고방식)을 지닌 학생들의 학업 성취도는 학년이 올라감에 따라 떨어진 반면에 성장형 사고방식(또는 긍정적 사고방식)을 지닌 학생들의 학업 성취도는 올라갔다.
>
> ＼ 학업 성취도가 떨어진 학생들은 자신의 학업적 능력을 폄하("나는 정말 공부에 소질이 없어")하고 주변 환경이나 교사를 비난("교실 의자가 불편해서 수업에 집중할 수가 없어" 또는

"선생님은 불공평하고 나를 싫어해")하는 경향을 보였다.

＼ 학습 부진을 경험하고 학습 의욕을 잃어버린 학생들은 자신의 능력을 불신하고 자기 효능감을 느끼지 못한 나머지 학업에 아무런 노력을 기울이지 않는 경향이 있었다.

＼ 학업에 대한 성취감을 느끼면서 학업적 노력을 게을리하지 않는 학생들은 수업 시간에 적극적인 태도를 보이는 경향이 있었다. 그리고 이들은 학교생활 전반에 걸쳐서 왕성한 자신감을 보여주었다.

드웩의 연구 결과를 토대로 다음과 같이 제안하고 싶다.

＼ 교사는 학생들에게 노력을 강조하고 이들의 노력을 불러일으켜야 한다.

＼ 교사는 학생들이 "지금까지는 그것을 할 수 없었어. 하지만 앞으로는 그것을 할 수 있을 거야. 무슨 일이든 절대 포기하지 않을 거야"라고 말하도록 독려해야 한다.

＼ 교사는 학생들에게 '학업적 어려움은 영속적인 장애물이 아

니라 극복해야 할 일시적인 장애물이다'라는 점을 명확히 이해시켜야 한다.

\ 교사는 학생들의 학습 방식과 학습 속도가 제각각 다르다는 것을 염두에 두어야 한다.

\ 교사는 학생들이 학업에 대한 성취감을 느낄 수 있도록 이들의 학습 능력을 고려해서 과제를 제시해야 한다.

\ 교사는 학생들에게 "너희들의 학업적 성공을 위해 최선을 다해 가르칠 거야. 내가 노력하는 만큼 너희들도 노력하길 바란다"라고 말해야 한다.

📖 노력을 불러일으킬 방안

아래에는 학생들의 학습 의욕과 노력을 불러일으킬 여러 가지 방안이 제시되어 있다. 이러한 방안은 학습 의욕을 잃은 학생들을 포함해서 모든 학생에게 학습 동기를 부여하는 데 도움이 될 것이다.

노력을 뜻하는 말 사용하기

교사는 학생들이 '어려운 과제와 학습 부진'을 '학습 향상을 위해 거쳐야 할 필수 과정'으로 생각하도록 독려해야 한다. 아울러 교사는 학생들이 어려운 과제를 통해 학습에 대한 도전 의식을 갖도록 격려해야 하고, 학습 부진을 학습에 대한 반성 기회로 여기도록 잘 다독여야 한다.

교사는 '학생들의 변호사'라는 입장에서 이들의 마음을 헤아리고, 학습 의욕과 노력을 불러일으킬 수 있는 말을 사용해야 한다. 예를 들면 다음과 같다.

＼ "너는 그 문제를 해결하기 위해 창의적인 방법을 사용했구나. 너의 창의성을 칭찬하고 싶어."

＼ "너의 성적이 올랐다는 것은 그만큼 네가 열심히 공부했다는 뜻이야. 잘했어!"

＼ "이런 방식이 너에겐 어려울지도 몰라. 하지만 걱정하지 마. 모든 학생이 똑같은 방식으로 공부하는 건 아니야. 너에게 적합한 최선의 방식을 찾아보자."

＼ "너는 성적이 떨어진 것에 대해 실망감을 느끼고 있구나. 하지만 네가 최선을 다했다는 사실을 잊어선 안 돼. 지금처럼

최선을 다한다면 앞으로 더 좋은 결과가 있을 거야. 혹시라도 도움이 필요하면 얼마든지 나를 찾아오렴."

╲ "네가 지금까지 노력해 왔다는 것은 그만큼 더 나은 발전이 기대된다는 뜻이야. 그리고 더 나은 발전을 앞당기기 위해 너의 부족한 부분을 나와 함께 만회해 보자."

╲ "너에게 어려운 문제일지도 모르지만 한번 도전해 보렴. 너의 수학 실력은 이미 높은 수준에 이르렀어. 숨을 크게 들이쉬고 문제를 읽어보렴."

도움말

학생들과 함께 정기적으로 노력의 가치에 대해 논의해 보라.
다음과 같은 인용문을 논의 주제로 정하면 어떨까?

1. "20년 후에 당신은 행했던 일보다는 행하지 않았던 일로 인해 더 큰 후회를 할 것이다." – H. Jackson Brown Jr.; Goodreads, n.d.a.

2. "성공에 이르는 길에는 항상 장애물이 있기 마련이다." – Lily Tomlin; Brainyquote, n.d.a.

3. "날 수 없으면 달리고, 달릴 수 없으면 걷고, 걸을 수 없으면 기

어라. 중요한 것은 당신이 무엇을 하든 간에 포기하지 않고 앞으로 나아가는 것이다." – Martin Luther King Jr.; Goodreads, n.d.b.

4. "나는 나를 가로막고 있는 장애물에 초점을 두지 않는다. 오직 나의 목표에만 초점을 둔다." – Venus Williams; Brainyquote, n.d.b.

낙인찍지 않기

교사는 학생들에게 능력에 대한 부정적인 낙인을 찍어서는 절대 안 된다. 왜냐하면 능력은 고착되는 것이 아니라 변화되는 것이며, 학업 성취는 능력의 산물이라기보다는 노력의 산물이기 때문이다.

교사는 학생들에게 다음 세 가지를 철저히 가르쳐야 한다.

\ 학습 부진은 능력과 환경 탓이 아니다.

\ 학업성취는 노력("성적이 오른 것은 너의 노력 때문이야" 또는 "노력하면 더 좋은 성적을 거둘 거야")과 방법("너에게 가장 적합한 학습 방법을 찾아보자")에 달려 있다.

\ 사람의 내면에는 무한한 가능성이 잠재되어 있다.

부정확한 답변이나 실수를 학습의 실패로 여기지 않기

부정확한 답변이나 실수는 평가적 관점에서 벗어나 과정적 관점에서 보면 효과적인 학습 도구이다. 교사는 학생들의 실수를 학습의 실패가 아니라 학습의 과정으로 여김으로써 이들의 실수를 수업에 긍정적으로 활용할 수 있다. 예를 들면 다음과 같다.

> "너는 분수의 덧셈 문제에서 통분을 제대로 하지 않았어. 너의 실수는 분수의 덧셈에서 통분이 얼마나 중요한지를 깨닫게 해주었어. 내일 수업 시간에 우리 반 학생들과 함께 통분에 대해 다시 살펴보자."

> "너는 필기를 빨리하려고 하다가 맞춤법에서 약간의 실수를 했구나. 필기를 다 하려는 노력이 훌륭해 보여. 그리고 너는 실수를 통해 문장에서 맞춤법이 얼마나 중요한지를 깨닫게 되었을 거야. 다음 시간에는 필기를 조금 느리게 해보렴. 분명히 실수를 줄일 수 있을 거야."

교사는 학생들의 부정확한 답변이나 모호한 답변을 무시하지 말고 이에 대한 긍정적 피드백을 제공해야 한다. 예를 들면 다음과 같다.

╲ "모든 삼각형이 정삼각형에 포함되는 것은 아니야. 하지만 정삼각형이 이등변삼각형에 포함된다는 너의 말은 옳아."

╲ "글쓰기를 잘하는 방법에는 여러 가지가 있어. 네가 말한 두 가지 방법은 훌륭해. 내가 추가로 제시하는 세 가지 방법을 이해하게 되면 너는 글쓰기를 더 잘할 수 있을 거야."

도움말

교사는 학생들에게 부정확한 답변이나 실수를 해도 괜찮다고 말해야 한다. 그 이유는 부정확한 답변과 실수 역시 학습의 과정이기 때문이다. 그리고 교사는 정확한 답변과 좋은 성과에 대해 긍정적 피드백을 하듯이 부정확한 답변과 실수에 대해서도 긍정적 피드백을 해야 한다.

부정확한 답변이나 실수를 한 학생들이 교사로부터 따뜻한 격려를 받고 있다고 느낄 수 있도록 다음과 같은 순서로 말해 보면 어떨까?

1. 학습과 관련된 칭찬을 먼저 하라.

"너는 ~에 대해서는 정말 잘 이해하고 있구나."

2. 실수를 만회할 수 있도록 새로운 정보나 설명을 제시하라.

"너의 실수는 ~라는 것을 이해하는 데 필요한 일침이 되었어."

3. 실수를 반복하지 않도록 연습 문제를 제시하라.

"너는 이제 ~에 대해 이해를 했구나. 관련된 또 다른 문제를 풀어보자."

4. 좋은 성과에 대해 축하의 말을 하라.

"너는 연습 문제를 훌륭하게 해결했어. 자랑스러워."

다시 하거나 바로잡을 기회 허용하기

사실상 거의 모든 분야에서 첫 번째 시도가 마지막 시도인 경우는 없다. 작가는 보통 한 권의 책을 출간하기 전에 자신의 원고를 여러 번 수정한다. 건축가는 건축을 시작하기 전에 설계도를 주의 깊게 검토하고 수정한다. 회계사는 필요할 때마다 자신의 회계 장부를 철저히 검토한다. 운동선수는 본 경기를 치르기 전에 반복된 훈련과 연습 경기를 한다.

이와 유사한 맥락에서 교사는 학생들에게 재평가, 재실험, 과제물 수정, 충분한 연습 등과 같은 기회를 제공해야 한다. 당연히 이러한 기회를 잘 활용한 학생들은 좋은 성과를 거두고 노력의 보람을 느낄 수 있다.

교사는 학생들의 노력을 수치로 나타낼 수는 없으나 직관적으로 인지할 수는 있다. 꾸준히 연습한 운동선수처럼 학습에 지속적인 노력을 기울인 학생들 대부분은 학습 부진을 겪지 않는다. 이들은 교육과정이 거창하게 재구성되지 않더라도 재평가, 재실험, 재시도 등과 같은 기회를 통해 노력의 성과를 얻을 수 있다. 물론 이들은 교사로부터 반복적으로 '학업성취를 위해 노력이 왜 중요한지와 구체적으로 어떤 노력을 해야 하는지'에 대한 안내를 받아야 한다.

도움말

교사는 학생들에게 '다시 하거나 바로잡을 기회'를 허용함으로써 이들의 학습 의욕과 노력을 불러일으킬 수 있다. 아울러 학생들이 노력의 보람을 직접적으로 느낄 수 있도록 다음과 같은 방법을 시도해 보면 어떨까?

1. 노력에 대한 의지 강화하기
   "네가 노력하는 모습을 보여줘서 너무 기쁘고 만족스러워. 앞으로도 이런 모습을 계속 보여주면 좋겠어."

2. 학부모에게 자녀의 노력하는 모습 알리기
   "오늘 효빈이를 자랑스럽게 여겨야 해요. 효빈이는 학교에서 멋진 시간을 보냈어요. 효빈이는 수업 시간에 적극적으로 참여하였고 시험에서 높은 점수를 받았어요. 효빈이를 칭찬해 주고 싶어요. 부모로서 당신이 하는 모든 일은 효빈이에게 영향을 끼칠 거예요. 우리는 효빈이에게 좋은 영향을 끼쳐야 해요."

3. 긍정적인 표정과 몸짓, 격려 편지, 작은 선물 등과 같은 보상을
   적절히 활용해서 학생들 마음 사로잡기

매일 조금씩 나아지도록 격려하기

교사는 학생들이 다양한 영역에서 매일 조금씩 나아지도록 격려해야 한다. 이를 위해 교사는 매일 학생들이 실천 가능한 학습에 노력을 기울이도록 작은 목표를 제시할 수 있다. 예를 들면 다음과 같다.

　＼ **학업적 영역**
   영어 문장 하나 더 번역하기, 수학 문제 하나 더 풀기 등

　＼ **사회적 영역**
   친구에게 한 가지 도움 베풀기, 친구와 5분 더 이야기 나누기 등

　＼ **정서적 영역**
   자신에게 응원하는 말 한마디 하기, 노력하겠다는 다짐 한 번 더 하기 등

> ╲ **신체적 영역**
> 줄넘기 5회 더 넘기, 1분 더 걷기 등

요컨대 학생들은 매일 위와 같은 작은 목표를 달성하기 위해 노력함으로써 일상의 성취감과 보람을 느낄 수 있을 것이다.

평가할 때 노력의 과정과 결과 둘 다 고려하기

학업적 노력의 결과만을 평가해서 등급이나 점수를 부여하는 것은 학생들의 고착형 사고방식을 강화할 수 있다. 이를테면 교사가 학생들에게 노력의 결과를 등급(상, 중, 하 / A, B, C)으로 제시했을 때 이들은 자신이 받은 등급을 자신의 학업적 노력이나 능력과 동일시한다는 것이다.

만약 당신이 글쓰기 과제를 제출하고 나서 다음과 같은 피드백(노력의 과정에 대한 평어)을 받았다고 가정해 보자.

> "당신은 중심 문장의 중요성을 이해하고 문단마다 적절하게 기술하였어요. 아쉬운 점은 중심 문장을 뒷받침하는 문장이 조금 어색하고 부족했다는 거예요. 하지만 전체적으로 잘된 글이에요. 잘했어요."

당신의 기분은 어떤가요? 무슨 생각이 드나요? 당신은 이 피드백에서 무엇을 알게 되었나요?

반면에 당신이 다음과 같은 피드백(노력의 결과에 대한 등급 산정)을 받았다고 가정해 보자.

"당신이 제출한 과제는 A등급이에요."

당신의 기분은 어떤가요? 당신의 글쓰기 과제에서 개선해야 할 점이 있다는 생각이 드나요?

학생들 대부분은 노력의 과정에 대한 평어보다는 노력의 결과에 대한 등급에 신경을 곤두세우는 경향이 있다. 그리고 특정 과목이나 과제에서 A등급을 받은 학생들은 개선의 필요성을 느끼지 못하는 경우가 많으며, 반면에 C등급을 받은 학생들은 자신이 잘한 부분을 간과하는 경우가 많다. 요컨대 학업적 노력의 결과에 대한 등급 산정은 학생들의 학업적 노력을 포괄적으로 평가하는 데 한계가 있으며, 학업적 노력의 과정을 간과할 우려가 있다(Watson, 2019).

학업에 대한 평가는 학업적 노력의 과정과 결과를 모두 반영할 때 더욱더 효과적이고 학생들의 학습 의욕을 불러일으킬 수 있다. 이를테면 교사는 학생들의 학업을 평가할 때 지필 시험, 실기 시험, 과제, 수업 참여, 수업 태도 등과 같은 여러 가지 요소를 고려해야 한다는 것이다. 그리고 학업에 대한 평가(학업적 노력의 과정 +결과) 결과를 학생들에게 제시할 때에는 산정된 등급이나 점수와 함께 노력의 과정에 대한 구체적인 평어("소수의 곱셈 원리를 잘 이해하고 있구나. 곱셈 원리를 응용한 심화 문제를 풀어보면 더 좋겠어" 또는 "소수의 곱셈 원리를 잘 이해하고 있구나. 그런데 계산 과정에서 실수를 많이 했어. 좀 더 많은 연습 문제를 풀어보면 좋겠어")를 제시해야 한다. 그 이유는 A등급을 받은 학생이든 C등급을 받은 학생이든 간에 모든 학생이 자신의 학업에 대한 평어를 통해 더 나은 개선의 여지를 발견할 수 있기 때문이다.

도움말

학생들은 학업적 평가의 대상이기 전에 관심과 배려의 대상이다. 학생들이 관심과 배려의 대상임을 직접적으로 느낄 수 있도록 다음과 같은 방법을 시도해 보면 어떨까?

1. A등급을 받은 학생(학업적 노력과 결과 모두 양호함)에게 더 큰 도전 의식 심어주기

   "너는 학년 수준의 학습 목표를 달성했어. 혹시라도 네가 여기에 만족하고 안일해진다면 학습에 대한 성취감을 잃고 지루함에 빠질 수도 있어. 수업 시간에 별도로 심화 과제를 내줄게. 넌 지금보다 더 큰 성취를 이룰 가능성을 지니고 있단 말이야. 항상 너를

응원할게."

2. B등급을 받은 학생(학업적 노력은 양호하나 결과가 보통임)에게
   더 큰 자신감 심어주기

"너는 학년 수준의 학습 목표를 달성하기 위해 누구보다 더 열심
히 노력했어. 너의 노력에 박수를 보내고 싶어. 혹시라도 네가 결과
때문에 실망만 한다면 학습 의욕을 잃을 수도 있어. 수업 시간에
별도로 연습 문제를 내줄게. 넌 시험에 대한 자신감만 가지면 지금
보다 더 큰 성취를 이룰 가능성을 지니고 있단 말이야. 항상 너를
응원할게."

3. B등급을 받은 학생(학업적 결과는 양호하나 노력이 보통임)에게
   더 큰 노력 의식 심어주기

"너는 학년 수준의 학습 목표를 어느 정도 달성했어. 아쉬운 점
은 네가 더 좋은 결과를 낼 수도 있었는데 노력이 조금 부족했
다는 거야. 혹시라도 네가 여기에 만족하고 안일해진다면 학습
에 대한 도전 의식을 잃을 수도 있어. 수업 시간에 발표할 기회
를 많이 줄게. 넌 수업 시간에 조금만 더 적극적으로 참여한다면
지금보다 더 큰 성취를 이룰 가능성을 지니고 있단 말이야. 항상
너를 응원할게."

4. C등급을 받은 학생(학업적 노력과 결과 모두 보통 이하임)에게
   더 큰 자존감 심어주기

"너는 학년 수준의 학습 목표를 달성하기 위해 나름대로 최선을 다했어. 아쉬운 점은 네가 지금보다 더 노력할 수 있었는데 그렇게 하지 못했다는 거야. 혹시라도 네가 노력 부족과 좋지 못한 결과 때문에 너 자신을 원망하고 남에게 책임을 돌리기만 한다면 너의 자존감을 잃을 수도 있어. 학생으로서 너의 자존감만큼 중요한 건 없단 말이야. 수업 시간에 별도로 보충 문제를 내줄게. 네가 보충 문제를 풀면서 조금씩 학습에 대한 성취감을 느끼게 된다면 지금보다 더 큰 성취를 이룰 수 있어. 항상 너를 도와주고 응원할게."

호의적인 피드백 제공하기

타인의 노력이나 관심사에 대해 호의적인 피드백을 제공하는 것만으로도 긍정의 영향을 끼칠 수 있다.

교사는 학생들이 과제를 제출하면 가능한 한 시간을 앞당겨 피드백을 제공해야 한다. 그 이유는 피드백을 제공하는 시간이 늦어지면 피드백의 효과가 반감될 뿐만 아니라 피드백을 기다리는 학생들에게 실망감을 줄 수도 있기 때문이다. 그리고 무엇보다 중요한 것은 학생들이 제출한 과제에 대해 호의적인 피드백을 제공함으로써 이들의 학습 의욕이나 노력 의지를 높여야 한다는 것이다.

호의적인 피드백은 학습 의욕이 부족하거나 학습이 부진한 학생들에게 특히 효과적이다. 이를테면 교사가 이들이 제출한 과제에 대해 따뜻한 응원과 격려가 담긴 피드백을 제공했을 때 이들의 노력 의지와 용기를 최대한 불러일으킬 가능성이 있다는 것이다. 그리고 이들은 교사의 호의적인 피드백을 통해 학습에 대한 의욕과 희망을 한층 더 가질 수 있게 될 것이다.

도움말

학생들은 학습을 포함한 학교생활 전 분야에 걸쳐서 호의적인 피드백을 받을 때 인간으로서의 자존감과 학습자로서의 성취감을 느끼게 된다. 학생들이 자존감과 성취감을 느낄 수 있도록 다음과 같은 방법을 시도해 보면 어떨까?

1. 학업적 노력에 대한 감사 표현하기
   "수업 시간에 발표를 해줘서 고마워.", "과제를 제출해줘서 고마워."

2. 사회적 노력에 대한 감사 표현하기
   "친구들과 사이좋게 지내줘서 고마워.", "친구들에게 도움을 줘서 고마워."

3. 정서적 노력에 대한 감사 표현하기
   "항상 긍정적으로 생각해줘서 고마워.", "화를 참아줘서 고마워."

4. 신체적 노력에 대한 감사 표현하기

　"체육 수업에 적극적으로 참여해줘서 고마워.", "안전하게 행동해

　줘서 고마워."

의욕과 노력을 촉진하기 위해 긍정적인 행동에 따뜻한 관심 보이기

　학습이 부진한 학생이든 학습이 뛰어난 학생이든 간에 학생들 대부분은 교사로부터 자신의 긍정적인 행동을 인정받거나 인간으로서의 자기 존중감을 보호받을 때 모든 면에서 더욱더 큰 의욕과 노력을 발휘한다. 즉 교사는 학생들의 긍정적인 행동에 따뜻한 관심을 보여야 하고, 이들이 인간으로서의 자기 존중감을 느낄 수 있도록 격려의 눈빛을 보내야 한다.

도움말

　모든 면에서 학생들의 의욕과 노력은 인정과 존중에서 비롯된다. 학생들이 교사로부터 인정과 존중을 받고 있다고 느낄 수 있도록 다음과 같은 방법을 시도해 보면 어떨까?

1. 부족한 점보다는 잘한 점에 더 집중하기

   "너는 국어 다섯 문제 중에서 두 문제를 훌륭하게 해결했어. 두 문제에 대한 너의 답변은 합리적이고 논리적이었어. 너의 답변을 반 친구들에게 공개해도 되겠니? 반 친구들이 너의 답변을 보면서 많은 것을 배울 수 있을 거야."

2. 부정적인 행동으로 인해 가려진 긍정적인 행동 발견하기

   "어제 네가 수학 시간에 10분이나 늦어서 내 마음이 불편했어. 그런데 네가 아픈 친구를 보건실에 데려다주느라 늦었다는 것을 알게 되었어. 한편으로는 네가 참 대견하다는 생각이 들었어. 앞으로 네가 곤란한 상황을 만나게 되면 나에게 자세히 말해주면 좋겠어."

3. 불편함을 주는 환경 적극적으로 개선하기

   "어제 정수기가 고장 나서 많이 불편했을 거야. 행정실에 수리 요청을 했으니 오늘 중에 정수기를 사용할 수 있을 거야. 또 다른 불편한 점이 생기면 나에게 즉각 말해줘. 최대한 빨리 조치해볼게."

작고 쉬운 것부터 권유하기

학생들 대부분은 아무리 사소한 일이라도 그 일을 성공적으로 이

루어내었을 때 큰 성취감을 느끼는 경향이 있으며, 이러한 성취감은 이들의 의욕과 노력을 불러일으키는 원동력이 된다. 이를테면 교사가 학습 의욕이 없거나 학습이 부진한 학생들에게 학습 과제를 하도록 권유할 때에는 작고 쉬운 것부터 권유하고, 이들이 이것을 해결하면 성취감을 충분히 느낄 수 있도록 긍정적 피드백을 제공해야 한다는 것이다. 그리고 나서 교사는 이들에게 조금씩 높은 단계의 과제를 하도록 권유하면 된다.

도움말

학생들의 학습 의욕과 노력을 불러일으키기 위해서는 이들에게 성취감을 부여하는 것이 무엇보다 중요하다. 그리고 이들이 느낄 수 있는 성취감은 작고 쉬운 데서 비롯된다.
학생들이 학습 과제를 해결하면서 성취감을 느낄 수 있도록 다음과 같은 피드백을 시도해 보면 어떨까?

"오늘의 학습 목표는 환경 보호를 위한 실천 방안을 한 가지 발표하는 것이었어. 너는 성공적으로 목표를 달성했어. 진심으로 축하해. 내일의 학습 목표는 환경 오염의 원인을 두 가지 발표하는 거야. 너는 내일도 오늘처럼 잘할 수 있을 거야. 나는 네가 사회 현상에 관심이 많다는 것을 누구보다 잘 알고 있단 말이야. 기대할게."

"오늘 여러분은 스스로 팀을 나누어서 축구 경기를 훌륭하게 해내었어. 점수를 매긴다면 협동 점수를 포함해서 무려 99점이나 돼. 진심으로 박수를 보내고 싶어. 그런데 아쉬운 1점은 드리블 능력이었어. 다음 시간에 드리블 연습을 좀 더 하고 나서 경기를 한다면 충분히 100점을 받을 수 있을 거야. 나는 여러분의 노력 의지를 믿고 있단 말이야. 기대할게."

노력에 관한 실천 서약서 작성하기

목표, 약속 및 계획은 서면으로 기록될 때 이에 대한 실행 가능성이 높아진다(Carlyle, 2018; Greene, 2019; Murphy, 2020). 따라서 교사는 학생들의 학업적 노력을 불러일으키기 위하여 노력에 관한 실천 서약서(도표 1.1)를 활용할 수 있다.

〈도표 1.1〉 학업적 노력에 관한 실천 서약서

실천 서약서

1. 나의 학업 목표는

2. 나의 학업 목표를 달성하기 위해 다음 세 가지를 실천하겠다.
①
②
③

3. 내가 고쳐야 할 학습 태도는?

4. 나의 학습 태도를 고치기 위해 다음 세 기지를 실천하겠다.
①
②
③

5. 나의 학업 목표를 달성하기 위해 선생님께 도움을 요청하겠다.

6. 나의 학업 목표를 달성하느냐 마느냐는 오직 나에게 달려 있다.

서약자: (서명)
확인자: (서명)

노력해야 하는 까닭 알려주기

우리가 상대방에게 뭔가를 부탁할 때 부탁하는 까닭을 말해주면, 상대방은 대체로 우리의 부탁을 호의적으로 받아들이게 된다(Langer, 1989). 이와 마찬가지로 교사가 학생들에게 무언가에 대한 노력을 요구할 때 그 이유를 말해주면, 이들의 노력을 좀 더 쉽게 불러일으킬 수 있다.

교사가 학생들에게 다음 두 가지 방식으로 말했다고 가정해 보자. 어느 것이 이들의 노력을 좀 더 쉽게 불러일으킬 수 있을까? 또는 어느 것이 이들의 마음을 좀 더 쉽게 움직일 수 있을까?

＼ "아침 시간에 교실에서 조용히 독서를 해야 해."

＼ "아침 시간에 교실에서 조용히 독서를 하게 되면 여러분의 마음이 차분해질 거야. 마음이 차분해지면 수업 시간에 좀 더 집중할 수도 있어. 그리고 독서는 모든 교과 학습의 토대이기도 해. 우리 다 같이 아침 시간에 독서를 하도록 노력해 보자."

도움말

학생들은 교사의 학업적 요구가 합리적인 이유를 지니고 있을 때 그 요구를 호의적으로 받아들이게 된다. 따라서 교사는 학생들에게 학업적 노력을 요구할 때 그 이유를 분명히 말해주어야 한다. 수학 시간에 학습 의욕이 없거나 주의가 산만한 몇몇 학생들을 생각해 보자. 이들에게 학업적 노력을 요구할 때 다음과 같은 방법을 시도해 보면 어떨까?

1. 수학 교과를 학습해야 하는 이유를 아는 대로 모두 적기
2. 교사의 설명이나 안내에 집중해야 하는 이유를 아는 대로 모두 적기
3. 연습 문제를 풀면서 복습해야 하는 이유를 아는 대로 모두 적기
4. 궁금한 점이 있으면 질문해야 하는 이유를 아는 대로 모두 적기
5. 열심히 해보겠다고 다짐해야 하는 이유를 아는 대로 모두 적기
6. 교사와 학생 모두 1번에서 5번까지 답변을 작성한 후에 이를 공유하기
7. 학생의 마음 움직이기
   "다 함께 노력해 보자. 도와줄게."

노력에 대해 칭찬하기

학생들은 학업적 성취나 노력에 대해 교사로부터 진심 어린 칭찬을 받았을 때 더욱더 큰 의욕을 발휘한다. 학생들이 교사로부터 인정과 칭찬을 받고 있다고 직접적으로 느낄 수 있도록 다음과 같은 방법을

시도해 보면 어떨까?

＼ 학업적 성취나 노력을 뚜렷하게 보인 학생들을 다른 학생들 몰래 개별로 불러서 칭찬과 축하의 말 전하기

＼ 반 학생들 모두에게 격려와 응원의 말 전하기

＼ 반 학생들의 이름을 부르면서 한 명 한 명에게 따뜻한 눈빛 보내기

반성적 물음 ❓

당신은 제1장에서 알게 된 내용을 되새기기 위해 다음과 같은 물음을 활용할 수 있다. 그리고 당신은 동료 교사들과 함께 이러한 물음을 공유할 수 있다.

학업에 대한 평가는 학업적 노력의 과정과 결과를 모두 반영해야 하는가? 그렇다면 그 이유는 무엇인가?

학생들에게 능력에 대한 부정적인 낙인을 찍어서는 안 된다. 그 이유는 무엇인가?

중학교 입학생을 대상으로 수행된 드웩(Dweck, 2016)의 연구는 무엇을 시사하는가?

학생들은 교사의 학업적 요구가 합리적인 이유를 지니고 있을 때 그 요구를 호의적으로 받아들이게 된다. 그러면 수학 시간에 학습 의욕이 없거나 주의가 산만한 학생들에게 학업적 노력을 요구할 때 사용할 수 있는 방법에는 무엇이 있는가?

제2장

자신감과
희망
심어주기

성장하려는 노력과 의지를 포기한 사람을
기억해주는 사람은 아무도 없다.

- 작자 미상 -

학생들에게 학습 동기를 부여하는 것은 이들의 학업성취를 높이는 원동력이 된다. 그리고 학생들은 학업에 대한 성취감을 느낄 때 자신감과 희망을 지니게 된다.

    만약 당신이 어떤 일에 대한 성취감과 자신감을 느끼지 못한다면, 당신은 그 일에 지속적인 관심과 노력을 기울이지 않을 것이다. 이와 마찬가지로 학생들 역시 학업에 대한 성취감과 자신감 또는 학업에 대한 희망을 느끼지 못한다면, 이들은 학업에 지속적인 관심과 노력을 기울이지 않을 것이다.

    이 장에서는 학습 의욕을 잃은 학생들을 포함한 모든 학생에게 학습 동기를 부여하기 위해 '학생들에게 자신감과 희망을 심어주는 것이 왜 중요한지'와 '학생들에게 자신감과 희망을 심어줄 구체적인 방안'을 다루고 있다.

📖 왜 자신감과 희망을 심어주는 것이 중요할까?

학생들은 지속적인 학업성취를 통해 자기 효능감("나는 스스로 뭐
든지 잘할 수 있어")을 느끼게 되며, 나아가 학업에 대한 더 큰 자신
감과 희망을 지니게 된다.

학업에 대한 자신감과 희망은 학업성취를 이루는 데 필요한 노력과
의지를 불러일으킨다. 달리 말하면, 학업에 대한 자신감과 희망 없이
는 그 어떤 의미 있는 노력도 결과도 일어나지 않는다.

📖 자신감과 희망을 심어줄 방안

아래에는 학생들에게 학업에 대한 자신감과 희망을 심어줄 여러 가
지 방안이 제시되어 있다. 이러한 방안은 학습 의욕을 잃은 학생들을
포함해서 모든 학생에게 학습 동기를 부여하는 데 도움이 될 것이다.

학업성취의 유익함 일깨우기

학생들에게 학업성취의 유익함을 일깨워주는 것은 이들의 학습 의
욕을 높이는 효과가 있다. 학생들이 학업성취의 유익함을 인지할 수
있도록 다음과 같은 방법을 시도해 보면 어떨까?

\　학업성취에 따른 내재적 보상 알려주기

　"학업에 대한 자신감이 더 커질 수 있어."

　"무슨 일이든 잘할 수 있다는 용기가 생기게 돼."

　"학습 문제를 해결했을 때 찾아오는 쾌감을 만끽해 보렴."

　"자기 자신에 대해 더욱더 만족스러워할 거야."

　\　학업성취에 따른 외재적 보상 알려주기

　"부모님을 포함한 주변 사람들로부터 칭찬과 인정을 받을 수 있어."

　"상급 학교에 진학해서도 잘할 수 있는 밑거름이 될 거야."

　"먼 훗날 원하는 직업을 얻는 데 필요한 자질이 될 수 있어."

학업 내용을 일상생활과 관련짓기

학습 의욕이 부족한 학생들을 포함한 모든 학생은 학업 내용이 자신의 일상생활과 관련되어 있음을 인지할 때 더 큰 관심과 의욕을 보인다. 예컨대 중학교 3학년 학생과 고등학교 1학년 학생을 대상으로 수행된 연구에 따르면, 과학 수업의 실용성과 가치에 관한 글을 많이 읽거나 이에 관한 글을 직접 써 본 학생들이 그렇지 않은 학생들보다 더 높은 성적을 받았고 과학 수업에 더 적극적으로 참여하였다(Chris Hulleman and Judith Harackiewicz, 2009).

교사는 학생들에게 '학업 내용과 일상생활의 관련성' 또는 '학업 내용의 실용성'에 관한 다양한 경험을 제공해야 한다. 학생들이 학업 내용의 실용성을 인지하고 경험할 수 있도록 다음과 같은 방법을 시도해 보면 어떨까?

1. 학업 내용을 활용해야만 해결할 수 있는 생활 문제 제시하기
   "네가 사용하는 방에 침대를 설치한다고 가정해 보자. 방에 설치할 수 있는 침대의 최대 크기(넓이와 높이)를 측정해 오렴."
   "네가 집에서 서울역까지 도보 여행을 한다고 가정해 보자. 교통 지도를 활용해서 서울역까지의 거리와 이동 시간을 측정해 오렴."

2. 학업 내용과 관련된 외부 인사 초청하기
   "연극의 구성 요소와 실연 방법을 알아보기 위해 연극배우를 초청했어요. 연극배우님의 말씀을 잘 들어 보세요."

적절한 수준의 학습 과제 제시하기

긍정심리학자인 칙센트미하이(Csikszentmihalyi, 1990)의 연구에 따르면, 도전의 수준이 자신의 능력과 일치할 때 의욕이나 동기는 극대화된다.

그의 연구를 토대로 다음과 같이 제안하고 싶다.

- ╲ 학생들에게 적절한 수준의 학습 과제를 제시하는 것은 이들의 학습 의욕과 노력을 불러일으키는 좋은 방법이다.
- ╲ 너무 쉬운 학습 과제는 학생들의 자만심을 부추길 수 있다.
- ╲ 너무 어려운 학습 과제는 학생들의 좌절감과 자괴감을 초래할 수 있다.
- ╲ 교사는 지속적인 관심과 관찰을 통해 학생들의 학업 수준을 정확히 파악해야 한다.
- ╲ 학생들은 자기 수준에 맞는 학습 과제를 해결함으로써 학업에 대한 자신감과 희망을 지니게 된다.

학생들을 무한한 가능성의 대상으로 여기기

학업성취는 성공적인 학교생활과 사회적 성공을 위한 필요조건이지, 충분조건은 아니다. 즉 성공적인 학교생활과 사회적 성공을 가능하게 하는 요인에는 학업성취 이외에도 다른 많은 요인이 있다는 것이다.

교사는 '학업성취는 곧 만능열쇠'라는 관점이 아니라 '학생들은 다양한 가능성을 지닌 존재'라는 관점으로 이들을 대해야 한다.

학생들이 자기 자신을 학업성취의 대상이 아니라 무한한 가능성의 대상으로 여길 수 있도록 다음과 같은 방법을 시도해 보면 어떨까?

1. 학생들에게 학업성취를 이루기 위한 노력의 과정이 중요함을 주지시키기

"국어 성적이 오르지 않아서 실망했을지도 몰라. 하지만 너의 노력의 과정은 최고였어. 노력하려는 너의 태도는 국어 학습뿐만 아니라 다른 모든 일을 성공적으로 수행하는 데 큰 힘이 될 거야. 분명히 언젠가 너의 노력은 빛을 발할 거야. 노력하는 모습만으로도 넌 충분해."

2. 학생들의 장점을 학업성취와 결부시키기

"넌 자전거를 잘 타는구나. 자전거를 잘 타기 위해서 남들보다 훨씬 더 많이 노력했을 거야. 노력하고 최선을 다할 줄 아는 너의 태도는 교과 학습을 포함한 모든 일에서 시너지 효과를 발휘할 거야. 자전거를 잘 타기 위해 기울인 너의 노력을 교과 학습에도 적용해 보렴. 네가 노력한 경험은 분명히 만족스러운 학업성취를 이루는 데 큰 힘이 될 거야. 나는 노력하는 너의 태도가 언젠가 좋은 결과를 가져올 거라고 확신해."

학습 과정의 중요성 강조하기

학생들은 종종 다음과 같은 질문을 하곤 한다.

"지금 배우고 있는 내용이 살아가는 데 필요한가요?"
"수학 시간에 배운 방정식을 생활 속에서 써먹을 수 있나요?"
"교과 학습에 노력을 기울이면 행복해지나요?"

이러한 질문에 교사는 짜증스러울 수도 있고 당황스러울 수도 있다. 하지만 교사는 적절한 답변을 통해 학생들의 냉소적인 궁금증을 해소해야 한다.

도움말

학생들이 학습 내용의 실용성에 대한 회의적인 반응을 보이지 않도록 다음과 같은 방법을 시도해 보면 어떨까?

1. 학생들에게 '학습 내용이 생활 속에서 어떻게 활용되는지'에 관한 과제 제시하기
   "지금 여러분이 배우고 있는 방정식이 살아가는 데 아무런 쓸모가 없다고 느낄지도 몰라. 하지만 실제는 그렇지 않아. 방정식이 생활 속에서 언제, 어떻게 활용되는지에 관한 사례를 조사해 보렴."

2. 학생들에게 학습의 과정이 중요함을 주지시키기

"붓으로 글씨를 바르게 쓰는 것이 어렵게 느껴질 수도 있고 하찮게 느껴질 수도 있어. 하지만 쉬우냐 어려우냐 또는 쓸모 있느냐 없느냐는 그다지 중요하지 않아. 글씨를 바르게 쓰기 위해 기울인 노력과 정성이 중요한 거야. 여러분이 여기에 정성과 노력을 기울일 줄 안다면, 이러한 노력과 정성은 다른 교과 학습에서도 엄청난 시너지 효과를 발휘할 거야. 학습 결과의 쓰임새보다는 학습 결과를 얻으려는 노력의 과정이 더 소중하고 가치 있다는 것을 믿어 보렴. 지금부터 노력의 과정을 즐겨 보렴."

기본적 학습기술에 대한 숙련도 높이기

학생들의 학업 수행과 노력을 실질적으로 가능하게 하는 것은 물리적 수단(디지털 교과서, 전자책, 스마트폰, 컴퓨터 등)이 아니라 기본적 학습기술(읽기, 쓰기, 듣기, 셈하기)이다. 학생들이 읽기, 쓰기, 듣기, 셈하기 등과 같은 기본적 학습기술에 대한 숙련도를 높일 수 있도록 다음과 같은 방법을 시도해 보면 어떨까?

⟍ 학생들에게 기본적 학습기술의 중요성 강조하기

"읽기, 쓰기, 듣기, 셈하기 등과 같은 기본적 학습기술은 학업 수행을 위해 꼭 필요한 거야. 기본적 학습기술이 부족하면 좀 더 나은 학업성취를 이루기가 어려워질 거야. 지금부터라도 성공적인 학업 수행을 위해 기본적 학습기술에 대한 숙련도를 높일 수 있도록 노력해 보자. 그리고 실패를 두려워해서 아무것도 시도하지 않는 사람보다는 무언가를 시도해서 실패하는 사람이 훨씬 더 가치 있는 사람이야. 난 여러분이 잘할 수 있다고 확신해."

↘ 기본적 학습기술이 부족한 학생들을 대상으로 읽기 교실, 쓰기 교실, 셈하기 교실 등과 같은 별도의 학습 프로그램 운영하기

교사 자신의 잘못이나 실수 인정하기

완벽한 교사는 이 세상에 존재하지 않는다. 다만 교사는 잘못이나 실수를 했을 때 자신의 실수를 인정하고 그 실수로부터 큰 교훈을 얻어야 한다.

만약 학생들이 수업 시간에 교사의 실수를 지적한다면, 교사는 "실수를 지적해줘서 고마워. 나의 실수가 여러분의 학습을 방해했겠구나. 앞으로 이런 실수를 하지 않도록 주의할게. 여러분이 나의 실수를

지적해줘서 난 오늘 인생의 큰 교훈을 얻은 기분이야"라고 말하면 어떨까? 아마도 이런 말을 들은 학생들의 마음속에서는 왠지 모를 자신감과 희망이 솟아나지 않을까?

학업 목표 세우기

학생들은 구체적이고 달성 가능한 자신만의 학업 목표를 지니고 있을 때 학업에 대한 자신감과 의욕을 발휘하게 된다. 학생들이 학업 목표를 세우는 데 도움이 될 수 있도록 다음과 같은 조언을 해주면 어떨까?

\ "달성하고 싶은 학업 목표를 세우렴."

\ "학업 목표의 크고 작음을 친구들과 비교할 필요는 없어. 자신만의 학업 목표가 중요한 거야."

\ "학업 목표를 달성하는 데 필요한 계획을 세우렴. 계획은 일의 순서와 방법이 명확히 드러날 정도로 구체적이어야 해."

\ "학업 목표를 달성했을 때 자기 자신에게 줄 선물을 생각해두렴."

> ↘ "학업 목표와 계획을 주변 사람들(부모님, 선생님, 친구 등)
> 에게 알리렴."
>
> ↘ "계획을 순서대로 하나씩 하나씩 실천하렴."

학생들이 계획적이고 체계적인 생활을 하도록 돕기

학생들은 학교에서 계획적이고 체계적인 학습 내용을 배운다. 따라서 이러한 학습 내용을 습득하기 위해서 학생들의 생활 역시 계획적이고 체계적이어야 한다. 이를테면 학생들이 수업 시간에 적절한 학습 자료를 갖추고 계획적인 행동을 할 때 이들의 학습은 성공적일 수 있다는 것이다.

도움말

학생들이 계획적이고 체계적인 생활을 할 수 있도록 다음과 같은 방법을 시도해 보면 어떨까?

1. 책상 위, 책상 서랍, 사물함, 책가방 등에 있는 교과서와 학용품을 효율적으로 정돈하는 방법을 가르치고 이를 실천하도록 독려하기

2. 하루 생활계획표를 만들고 이를 실천하도록 격려하기

3. 학습 단원과 차시, 학습준비물, 학습시간표 등이 포함된 주간 학습계획서 제공하기

4. 클리어 파일을 활용하여 학습 결과물을 보관하도록 격려하기

학생들의 장점과 학업성취의 가능성에 관심 기울이기

학업에 대한 자신감과 희망은 학생들의 장점과 학업성취의 가능성에 관심을 기울일 때 생기게 된다.

보야치스 외(Boyatzis, Smith, & Van Oosten, 2019)의 연구는 교사와 학생 모두에게 시사하는 바가 크다. 이들의 연구 결과는 다음과 같다.

＼ 학업적 실수나 단점에 초점을 두는 것은 학생들의 학업을 촉진하기보다는 악화시킨다.

＼ 학업에 대한 비판이나 비난은 학생들의 반발심을 유발하고 학습 의욕을 떨어뜨린다.

> ＼ 학습 동기는 교사가 학생들의 학업적 장점과 가능성에 관심
>   을 기울일 때 촉진된다.

학생들의 학업적 실수나 부진을 완전히 예방할 수는 없으나 이들의 학업적 장점과 가능성을 일깨움으로써 이러한 실수나 부진을 만회할 수 있는 자신감과 희망을 불러일으킬 수는 있다.

학생들이 학업에 대한 자신감과 희망을 지닐 수 있도록 학업적 성공에 관한 교훈(도표 2.1)을 교실에 게시해 보면 어떨까?.

〈도표 2.1〉 학업적 성공에 관한 교훈

1. 할 수 있다는 자신감을 가져라.

2. 준비하고 노력하라. 그리고 인내하라.

3. 매일 최선을 다하라.

4. 할 수 없다는 말도 하지 말고 너무 어렵다는 말도 하지 마라.

5. 다른 사람과 비교하지 말고 자신의 학업 목표에 집중하라.

목표에 가까이 이르렀음을 주지시키기

학생들은 보통 다음과 같은 경우에 학업에 대한 무기력감이나 절망감을 느끼게 된다.

 ＼ 학습 과제가 지나치게 어려울 때

 ＼ 수업 시간에 집중하지 못하거나 수업 내용을 이해하지 못할 때

 ＼ 자신의 학업 목표를 달성할 수 있을지 의구심이 들 때

 ＼ 다른 학생들에 대해 열등감을 느낄 때

학생들이 학업에 대한 무기력감이나 절망감을 느끼지 않도록 다음과 같은 방법을 시도해 보면 어떨까?

 ＼ 학생들의 수준에 따라 선택할 수 있는 학습 과제 제시하기

 ＼ 수업 시작 전에 조용하게 잠시 멈추고 마음을 가다듬는 시간 갖기

 ＼ 수업 구호 외치기
   학급 대표가 "수업 시작하겠습니다"라고 외치면 다른 학생들

은 "예, 알겠습니다"라고 응답한다.

\ 수업 진행 속도를 조절하면서 응원의 메시지 전달하기
"수업 내용이 어렵게 느껴질지도 몰라. 하지만 조금만 더 주
의를 기울이면 이해할 수 있을 거야. 좀 더 집중해 보자."

\ 학업에 대한 자신감 부여하기
"지금까지 노력해 온 여러분이 자랑스러워. 나는 여러분 모
두가 자신의 학업 목표에 가까이 이르렀음을 느낄 수가 있
어. 다른 학생들의 학업 목표를 부러워하지 말고 자신의 학
업 목표에 집중하렴. 다른 학생들의 성취보다 자신의 작은
성취가 훨씬 더 소중한 거야. 열등감을 내려놓고 자신감을
가져 보자."

요구하기 전에 베풀기

물건을 판매하는 기술 중 하나는 고객에게 먼저 호의(생일 카드 보
내기, 이메일을 통해 안부와 고마움 전하기, 증정용 무료 상품 제공
하기, 시식 코너 마련하기 등)를 베푸는 것이다. 그 이유는 판매자의
호의를 받은 고객이 특정 상품을 구매할 가능성이 더 크기 때문이다
(Denis Regan, 1971; DeJong et al., 2016).

이와 유사한 맥락에서 교사는 학생들의 학습 의욕을 불러일으키기

위해 이들에게 먼저 다양한 호의를 베풀어야 한다. 아마도 교사의 호의를 받은 학생들은 교사의 학업적 요구를 좀 더 긍정적으로 받아들이게 될 것이다.

학생들이 교사의 호의를 느끼고 학습 의욕을 일으키도록 다음과 같은 방법을 시도해 보면 어떨까?

1. 학생들에게 학교에서 이루어지는 모든 학습활동은 의미 있고 소중하다는 것을 주지시키기

2. 매일 1교시 수업 전에 학생들의 이름을 부르면서 따뜻하고 긍정의 눈빛 보내기

3. 학생들을 칭찬하면서 하이파이브, 주먹 인사, 엄지 척 등과 같은 승리의 몸짓 보이기

4. 학생들에게 칭찬과 격려를 담은 편지 보내기

5. 학생들이 제출한 작품이나 과제물에 긍정의 댓글 달기

6. 학습과 관련된 학생들의 요구에 긍정적으로 반응하기

7. 수업에 참여하는 학생들에게 진심으로 고맙다는 말 전하기

8. 학생들에게 좋은 가르침을 베풀려는 열정 보이기

선심 쓰는 듯한 인상 풍기기

사람들은 보통 기대한 것보다 더 좋은 것을 얻었다고 생각할 때 더 큰 만족감을 느끼게 된다. 학생들 역시 마찬가지이다. 이들은 학습과 관련된 자신의 요구가 교사에게 받아들여졌다고 생각할 때 만족감을 느끼고 의욕을 발휘한다.

학생들이 학습에 관한 자신의 요구가 받아들여졌다고 생각하도록 다음과 같은 방법을 시도해 보면 어떨까?

＼ 의도적으로 필요 이상의 과제를 제시하고 나서 학생들이 불만을 터뜨릴 때 선심을 쓰듯 과제의 양 줄이기
"과제의 양을 줄여주는 조건으로 더 열심히 하세요."

＼ 의도적으로 과제 해결 시간을 줄이고 나서 학생들이 압박감을 토로할 때 선심을 쓰듯 과제 해결 시간 늘리기
"과제 해결 시간을 늘리는 조건으로 더 열심히 하세요."

숙제를 제시할 때의 주의할 점

숙제의 가치나 효용성은 교사를 비롯하여 학생과 학부모 사이에서도 오랫동안 논쟁의 주제가 되어 왔으며, 특히 학생들은 숙제가 지루하고 무의미한 것이라고 불평하기까지 하였다(Galloway, Conner, & Pope, 2013). 즉 숙제의 가치나 효용성은 교사와 학생, 학부모가 처한 상황에 따라 얼마든지 달리 규정될 수 있다는 것이다.

하지만 교실 속의 교사가 숙제의 가치나 효용성에 관한 논쟁을 차치하고 학생들에게 숙제를 내는 것이 현실적이고 일반적이다. 학생들이 숙제하는 데 의욕을 일으키고 지루함을 느끼지 않도록 다음과 같은 방법을 시도해 보면 어떨까?

- ＼ 학습 내용의 복습과 숙달을 위한 숙제 내기

- ＼ 특정한 사실을 조사하기 위한 숙제 내기

- ＼ 새로운 학습 내용의 예습을 위한 숙제 내지 않기

- ＼ 30분 이상 소요되는 숙제 내지 않기(장시간 소요되는 숙제는 학생들에게 좌절감을 줄 수도 있음)

- ＼ 학생들이 제출한 숙제 결과물에 대해 하루 이틀 내에 긍정적인 피드백 제공하기

> ＼ 숙제 결과물을 소중히 다루고 있는 모습을 학생들에게 보여
> 주기
>
> ＼ 숙제 결과물을 제출하지 않은 학생들에게 '양심에 호소하는
> 독려의 메시지' 보내기

긍정적인 확언 권장하기

자기 자신을 어떻게 생각하는지와 자기 자신의 행동 간에는 깊은 연관성이 있다. 교사는 학생들이 자기 자신에 대한 긍정적인 생각이나 확언을 통해 발전적인 행동을 하도록 격려해야 한다.

도움말

교실 게시판에 다음과 같은 긍정적 확언 문구를 게시해 보면 어떨까?

1. "나는 수업 시간에 집중하고 있으며 학업 목표를 달성하기 위해 노력 중이야."

2. "나는 나 자신을 소중히 여기며 내가 내린 결정에 책임질 거야."

3. "가장 확실한 것은 내가 지금 최선을 다하고 있다는 거야."

4. "나는 나 자신의 실수를 기꺼이 인정하고 용서할 거야."

5. "나는 학업을 포함한 모든 면에서 나아지고 있어."

6. "나는 학습 과제가 어렵더라도 포기하지 않고 끝까지 해볼 거야."

7. "나는 항상 미소 짓고 긍정적으로 생각할 거야."

반성적 물음 ?

당신은 제2장에서 알게 된 내용을 되새기기 위해 다음과 같은 물음을 활용할 수 있다. 그리고 당신은 동료 교사들과 함께 이러한 물음을 공유할 수 있다.

당신의 학창 시절을 떠올려 보라. 당신의 학습 의욕을 크게 불러일으켰던 교사는 누구인가? 그 교사는 당신에게 학습 동기를 부여하기 위해 어떤 말과 행동을 했는가?

학업적 성취감을 느끼지 못하거나 학습 의욕을 잃어버린 학생들을 떠올려 보라. 이들을 위해 당신이 할 수 있는 일은 무엇인가?

학습 과제에 대한 학생들의 관심과 노력을 불러일으키기 위해 당신은 어떤 방법을 시도할 것인가?

당신이 힘든 일을 겪고 있었을 때 당신에게 도움을 베푼 사람들을 떠올려 보라. 분명히 당신은 이들에게 감사함을 느꼈을 것이다. 이와 마찬가지로 당신의 학업적 도움을 받은 학생들 역시 당신에게 감사함을 느낄 것이다.

제3장

참여도와
영향력 높이기

훌륭한 리더는 자신의 힘을 과시하기보다는
다른 사람들에게 힘을 실어준다.

– 작자 미상 –

사람들 대부분은 특정한 일에 대한 유능함과 자율성, 영향력을 지닐 때 그 일을 수행하고자 하는 의욕을 갖게 된다. 그리고 이들은 존중받고 권한을 부여받기를 원하며, 중대한 일에 참여해서 자신의 영향력을 행사하길 바라기도 한다.

    학생들 역시 학업적 효능감을 느끼고 학업과 관련된 여러 가지 일에 참여해서 자신의 영향력을 행사할 수 있을 때 학업에 대한 의욕은 한층 높아지게 된다.

    이 장에서는 학습 의욕을 잃은 학생들을 포함한 모든 학생에게 학습 동기를 부여하기 위해 '학업에 대한 학생들의 참여도와 영향력을 높이는 것이 왜 중요한지'와 '학업에 대한 학생들의 참여도와 영향력을 높일 구체적인 방안'을 다루고 있다.

📖 왜 참여도와 영향력을 높이는 것이 중요할까?

학생들의 저조한 학업성취와 소극적인 수업 태도는 마땅히 개선되어야 한다. 즉 교사는 학생들이 자율적으로 수업에 참여해서 자신의 학업적 영향력을 발휘하도록 도와야 한다.

일반적으로 참여도는 소속감과 관련되어 있으며, 영향력은 자존감과 관련되어 있다. 그리고 참여도와 영향력은 무언가를 하고자 하는 의욕 또는 동기 유발의 직접적인 요인이다. 따라서 학생들이 학업과 관련된 일에 적극적으로 참여해서 자신의 영향력을 발휘할 기회를 지닌다면 이들의 학업적 의욕은 한층 높아질 것이다.

📖 참여도와 영향력을 높일 방안

아래에는 학생들의 학업적 참여도와 영향력을 높일 여러 가지 방안이 제시되어 있다. 이러한 방안은 학습 의욕을 잃은 학생들을 포함해서 모든 학생에게 학습 동기를 부여하는 데 도움이 될 것이다.

학습 거부에 긍정적으로 대응하기

교사는 수업 시간에 집중하지 않고 학습을 거부하는 학생들로 인해 좌절감이나 분노를 느끼는 경우가 있다. 심지어 몇몇 교사들은 학습 거부를 전적으로 자신의 책임으로 돌리고 자괴감에 빠지기도 한다. 유감스럽게도 학생들의 학습 거부에 대한 교사의 부정적인 반응은 문제를 해결하는 데 아무런 도움이 되지 않는다.

학생들이 수업에 집중하지 않고 학습을 거부할 때 다음과 같이 대응해 보면 어떨까?

\ 긍정적인 메시지 전하기
"학습의 성과가 좋든 나쁘든 간에 너희들이 수업 시간에 교실 밖으로 나가지 않고 지금의 자리를 지켜주고 있는 것만으로도 고마울 뿐이야. 수업에 적극적으로 참여하지 않더라도 다른 학생들의 발표와 선생님의 이야기를 듣기만 해도 많은 것을 배울 수 있을 거야."

\ 학생들 자신의 학업 성적을 긍정적으로 해석하도록 도와주기
"너희들 자신의 학업 성적을 긍정적으로 해석하는 게 중요해. 국어 성적이 50점이라면 50점만큼의 노력을 기울였다는 거야. 50점을 노력의 대가로 인정하고 나머지 50점은 보충해야 할 점수로 여기면 되는 거야. 100점 만점 중 50점을 받은 것으로 생각해선 절대 안 돼. 노력의 대가로 50점을 받았으니 다음에 좀 더 노력하면 80점 이상 받을 것으로 생각해야

해. 국어 성적의 높고 낮음을 떠나서 지금의 너희들 점수를 노력의 대가라고 자랑스럽게 여길 필요가 있어. 요컨대 수학 성적이 20점이라면 하위 수준이라고 여기는 것이 아니라 20점만큼의 노력을 인정하라는 거야."

감사의 마음 표현하기

상대방에게 감사의 마음을 표현하는 것은 사회·정서적 측면에서 서로에게 유익함을 준다(Akerman, 2020). 유감스럽게도 일상생활 속에서 사람들 대부분은 자신에게 유익함이나 도움을 베푼 사람들에게 감사함을 느끼나 감사의 마음을 표현하는 데 인색한 경향이 있다(Amit Kumar & Nicholas Epley, 2018).

교사는 학생들에게 감사의 마음을 얼마나 자주 표현할까? 분명한 것은 교사로부터 고맙다는 말을 자주 들은 학생들이 학업과 생활 면에서 더욱더 긍정적인 모습을 보인다는 것이다. 학생들에게 다음과 같이 감사의 마음을 표현해 보는 건 어떨까?

＼ 학생들의 출석을 확인하면서 "건강한 모습을 보여줘서 고마워."

- 수업을 시작하면서 "교과서를 꺼내고 마음의 준비를 해줘서 고마워."

- 학생들의 작품을 보여주면서 "정성껏 작품을 완성해줘서 고마워."

- 학생들에게 훈화하면서 "훈화에 귀를 기울여줘서 만족스럽고 고마워."

- 학생들을 칭찬하면서 "이렇게 훌륭한 일을 해줘서 정말 고마워."

- 학생들에게 감사의 마음을 표현하면서 "너희들 자신에게도 고마움을 표현해 보렴."

생활 규칙을 정하는 데 학생들 참여시키기

교사는 학생들이 학급에 대한 소속감과 주인 의식을 지니도록 적절한 방법을 마련해야 한다. 그 이유는 학생들이 학급에 대한 소속감과 주인 의식을 느낄 때 학급의 일에 협조적일 가능성이 크기 때문이다.

학생들이 학급의 생활 규칙을 정할 때 다음과 같은 규칙 항목을 제시해 보면 어떨까?

1. 1교시 수업 시작 전 아침 시간을 활용하기 위한 생활 규칙 정하기

2. 수업 시간에 학습을 잘하기 위한 생활 규칙 정하기

3. 쉬는 시간과 점심시간을 활용하기 위한 생활 규칙 정하기

4. 또래들과 잘 지내기 위한 생활 규칙 정하기

5. 안전하게 생활하기 위한 규칙 정하기

6. 교사를 돕는 방법 정하기

7. 규칙을 어겼을 때 책임지는 방법 정하기

영향력을 과시하려는 학생들의 욕구를 올바른 방향으로 이끌기

교사의 권위에 도전하는 학생들의 부적절한 행동과 학습 거부는 대부분 자신의 영향력을 과시하려는 욕구에서 비롯된다(Mendler & Mendler, 2012). 학생들의 이러한 욕구는 확실히 자기 자신에게 부정적으로 작용할 수밖에 없다.

학생들이 영향력에 대한 자신의 욕구를 올바른 방향으로 표출하도록 다음과 같은 방법을 시도해 보면 어떨까?

1. 영향력을 과시하려는 욕구가 자기 자신을 심각하게 해칠 수 있음을 주지시키기

   "학습 거부나 부적절한 행동을 통해서라도 영향력을 보여주려는 너희들의 마음은 이해가 돼. 하지만 그런 마음이 너희들의 학교생활 전체를 망칠 수도 있어. 학습을 거부하고 부적절하게 행동을 하면 할수록 그 피해는 고스란히 너희들에게 돌아가기 마련이야."

2. 올바른 방향으로 영향력을 행사하도록 격려하기

   "너희들이 과시하려는 영향력을 수업 시간에 행사해 보면 어떨까? 모둠 활동을 성공적으로 수행하기 위해 너희들의 영향력을 행사할 수도 있고, 운동 경기에서 이기기 위하여 너희들의 영향력을 행사할 수도 있어. 너희들이 가지고 있는 능력과 영향력을 올바른 방향으로 표출하는 것만큼 멋있는 일도 없어. 너희들이 영향력을 올바르게 행사하도록 도와주고 응원할게."

의견 요청하기

학생들은 교사로부터 생활 규칙이나 수업 활동에 관한 의견을 요청
받을 때 자존감을 느끼고 학습 의욕을 일으키게 된다.

학생들에게 다음과 같은 의견을 요청해 보면 어떨까? 생활 규칙을
자주 어기거나 학습 의욕이 없는 학생들에게 의견을 구하면 더욱
더 효과적이다.

1. 1교시 수업 시작 전의 아침 시간 활용에 관한 의견 요청하기
   "아침 시간을 잘 활용하는 방법에 대한 의견을 듣고 싶어. 너희
   들의 기발한 아이디어를 기대해 볼게."

2. 생활 규칙에 관한 의견 요청하기
   "쉬는 시간을 질서 있게 보내는 방법은 없을까? 좋은 의견을 듣
   고 싶어. 너희들이라면 분명히 멋진 아이디어를 낼 수 있을 거야."

3. 수업 질서에 관한 의견 요청하기
   "수업 시간에 집중하지 않고 엉뚱한 말과 행동을 하면 모두에게
   방해가 된다는 것은 확실해. 수업 시간을 알차게 보내는 방법은
   없을까? 좋은 의견을 듣고 싶어. 너희들의 지혜로운 아이디어를 기
   대해 볼게."

4. 교우관계에 관한 의견 요청하기

"너희들끼리 사이좋게 지내는 모습을 보고 싶어. 서로 다투지 않고 사이좋게 지내는 방법은 없을까? 좋은 의견을 듣고 싶어. 너희들의 현명한 아이디어를 기대해 볼게."

학생들이 수업 내용의 일부를 가르치도록 하기

학생들에게 직접 수업 내용의 일부를 가르치도록 하는 것은 이들의 수업 참여도와 영향력을 높이는 좋은 방법이 될 수 있다. 이를 위하여 다음과 같은 시도를 해보면 어떨까?

＼ 수업 시간에 즉흥적으로 가르침 요구하기

"정삼각형의 특징을 가르쳐 볼 사람?"

＼ 계획적으로 가르침 요구하기

"수학 교과 3단원과 4단원의 내용 중에서 가장 자신 있게 가르칠 수 있는 주제를 한 가지 선택하렴. 주제가 정해지면 가르칠 날짜를 알려줄게. 그리고 수업 방법은 너희들 자율에 맡기겠지만 선생님의 수업 방법을 모방해도 괜찮아. 한

명이 사용할 수 있는 최대 시간은 10분이야. 10분 수업이지만 쉬운 일은 아닐 거야. 많은 준비를 할 것이라 기대해 볼게."

책임감 불러일으키기

책임감은 어떤 일을 수행하는 데 필요한 원동력으로 작용한다. 만약 학생들이 생활 규칙 준수와 수업 참여에 대한 책임감을 느끼지 않는다면 이들에게 부과되는 그 어떠한 조치도 효과적이지 못할 것이다.

도움말

학생들이 바람직한 학교생활을 하는 것에 대한 책임감을 느끼도록 다음과 같은 방법을 시도해 보면 어떨까?

1. 수업 참여에 대한 책임감 주지시키기
   "수업 자료를 준비하고 특정 내용을 가르치는 것은 전적으로 선생님의 책임이야. 하지만 너희들이 수업에 적극적으로 참여하지 않거나 참여하더라도 학업적 영향력과 의욕을 발휘하지 않는다면 수업 시간은 너희들에게 아무런 의미가 없게 되는 거야. 이에 대한 책임은 바로 너희들의 몫이야. 너희들이 할 수 있는 만큼의 노력을 기울이고 의욕을 가져 보렴. 이런 노력과 의욕이 쌓이고 쌓이다 보면 어느 순간 너희들의 학업적 능력이 향상되어 있음을 깨닫게 될 거야. 비겁하게 너희들의 책임을 남에게 돌리지 말고 당당하게 책임을 다하는 모습을 보여주면 좋겠어. 너희들을 응원할게."

2. 협동 작품 만들기를 통한 책임의 중요성 일깨우기
"너희들 개개인이 완성해야 할 미완성 작품을 나누어 줄 거야. 어느 한 사람이라도 자기에게 할당된 미완성 작품을 제대로 완성하지 못한다면 작품 전체의 완성은 이루어질 수가 없어. …(협동 작품이 완성된 후) 어때? 너희들 개개인이 완성한 작품의 조합 결과로 이렇게 멋진 하나의 작품이 탄생한 거야. 너희들 각자가 맡은 책임을 다한다는 것이 얼마나 중요한지 깨달았을 거야. 책임을 다한 너희들을 진심으로 칭찬할게."

힘겨루기에 효과적으로 대처하기

수업 시간에 몇몇 학생들은 교사의 가르침에 부정적인 반응("왜 이딴 걸 배워야 하지?" 또는 귀를 막으면서 "지겨워 죽겠어!")을 보이면서 수업을 방해하는 '교사와의 힘겨루기 상황'을 유발하기도 한다. 이런 상황이 반복된다면 이들을 포함한 학급 학생들의 수업 참여도와 영향력은 크게 떨어질 것이다.

학생들이 '교사와의 힘겨루기 상황'을 유발할 때 다음과 같은 방법
으로 대처해 보면 어떨까?

1. '교사와의 힘겨루기 상황'을 유발한 학생들에게 주의 신호를 보
   내되 수업 시간을 낭비하면서까지 직접적으로 훈육하지 않기
   (Curwin, Mendler, & Mendler, 2018)

2. '교사와의 힘겨루기 상황'을 유발한 학생들과 면담하기
   - 면담 시간은 방과 후로 잡기
   - 면담 대상 학생들 앞에서 보호자에게 유선으로 면담 진행 사
     실 알리기
   - '교사와의 힘겨루기 상황'이 수업 분위기에 나쁜 영향을 끼친
     다는 것을 명확히 주지시키기
   - 면담 후에 칭찬 메시지와 주의해야 할 행동 메시지를 담은 편
     지 전하기

수업에 참여하는 학생들 환영하기

수업에 참여하는 학생들을 반기고 환영하는 것은 이들의 수업 참여
도와 영향력을 높이는 좋은 방법이 될 수 있다.

수업에 참여하는 학생들에게 다음과 같이 말해 보면 어떨까?

> ＼ "학습의 성과와는 상관없이 너희들이 수업에 참여하는 것만
> 으로도 고맙고 만족스러워."
>
> ＼ "학습의 성과는 수업 참여에서 비롯된다는 것을 꼭 명심하렴."
>
> ＼ "너희들이 수업에 참여하고 있다는 것은 학습의 성과를 예고
> 하는 것이나 다름없어."
>
> ＼ "수업에 참여하는 너희들을 진심으로 환영해."
>
> ＼ "수업 시작 시각을 어길지언정 수업 참여를 포기해선 안 돼."

학업이나 생활에 관하여 학생들과 전화 통화하기

방과 후에 학업이나 생활에 관하여 학생들과 전화 통화하는 것은
이들의 수업 참여도와 영향력을 높이는 좋은 방법이 될 수 있다.

> ＼ 학부모에게 학생들과의 전화 통화 취지 안내하기
>
> ＼ 학생들과의 전화 통화는 이들에 대한 교사의 관심을 보여주
> 는 효과를 지닌다.

\ 학부모와의 전화 통화는 학생들에게 간접적인 영향을 끼치나 학생들과의 전화 통화는 이들에게 직접적인 영향을 끼친다.

\ 학생들과의 전화 통화는 주변 또래 학생들의 영향을 받지 않고 이루어지는 1대1 쌍방 대화이기 때문에 이들의 자존감을 해치지 않는다.

\ "철수야, 최근에 너의 수업 참여도가 떨어져서 걱정이야. 예전처럼 적극적인 너의 수업 태도를 보고 싶어. 혹시 무슨 문제라도 있니? 문제가 있다면 자세히 말해 주면 좋겠어. 선생님이 최대한 도와줄게"라는 식의 전화 통화로도 충분하다.

학업성취에 대한 학생들의 가능성 일깨우기

학업성취에 대한 학생들의 가능성을 일깨우는 것은 이들의 수업 참여도와 영향력을 높이는 좋은 방법이 될 수 있다.

\ 학생들에게 이들이 학업성취에 필요한 많은 요건을 지니고 있음을 주지시키기

"말하고 싶은 것은 너희들 모두는 이미 수학 성적을 올리는

데 필요한 많은 요건을 갖추고 있다는 거야. 지난 시간에 아무런 도움도 없이 그 어려운 문제를 너희들 스스로 해결한 것을 기억해 보렴. 너희들이 생각해 낸 해결 방법은 너무나도 훌륭했어. 특히 문제를 이해하는 힘과 해결 의지는 그 누구도 흉내 내지 못할 너희들의 장점이야."

＼ 학생들의 향상된 학업성취는 이들의 능력보다는 노력의 결과임을 명백히 선언하기

＼ 학생들의 저조한 학업성취는 이들의 능력보다는 노력의 부족임을 명백히 선언하기

외적 보상을 효과적으로 활용하기

외적 보상(숙제 면제, 과자 파티, 선물, 칭찬 스티커 등)을 효과적으로 활용하는 것은 학생들의 수업 참여도와 영향력을 높이는 좋은 방법이 될 수 있다.

＼ 외적 보상은 학생들의 수업 태도와 행동을 빠르게 개선할 수 있다.

- 외적 보상은 학생들의 위험한 행동을 빠르게 수정할 수 있다.

- 외적 보상은 학생들의 행동을 개선하기 위한 수단이지, 그 자체가 목적이 될 수는 없다.

- 외적 보상을 제공한 이후에 반드시 내재적 피드백을 제공해야 한다.
  "너희들의 행동이 모범적이어서 선물을 주는 거야. 하지만 너희들은 선물을 받지 않더라도 올바른 행동을 할 수 있는 능력을 지니고 있다는 것을 명심해야 해."

- 외적 보상보다 훨씬 더 중요한 것은 내재적 만족감이나 성취감이라는 것을 주지시키기

- 매일 학생들의 행동 변화를 점검하고, 행동 개선에 따른 외재적 보상과 내재적 보상 둘 다 제공하기

학습 내용이나 방법을 선택할 기회 제공하기

학생들에게 학습 내용이나 방법을 선택할 기회를 제공하는 것은 이들의 수업 참여도와 영향력을 높이는 좋은 방법이 될 수 있다.

- 학교생활 전반에 걸쳐서 학생들에게 선택의 기회를 제공하는 것은 교사와 학생들 간의 힘겨루기 상황을 줄이는 데 도움이 된다(Mendler & Mendler, 2012).

- 수업 목표를 설정하고 수업 절차를 규정하되 학생들에게 학습 내용이나 방법을 선택할 기회 제공하기

- 역사적인 인물 중 한 사람을 선택하렴. 그리고 다양한 소개 방법 중 한 가지를 선택해서 그 인물을 소개해 보렴."

- 학생들의 수준과 교실의 상황을 고려하여 교육과정을 재구성하는 것은 이들의 학습 동기를 유발하는 데 도움이 된다.

차분한 마음 갖게 하기

학생들의 마음을 차분하게 하는 것은 이들의 수업 참여도와 영향력을 높이는 좋은 방법이 될 수 있다.

- 매 수업 전에 1분 명상 활용하기
- 매 수업 중에 학생들의 감정 살피기

- 부정적인 감정을 건전하게 표현하고 조절하는 방법 가르치기
- 부정적인 감정을 보이는 학생의 마음을 헤아리고 이에 효과적으로 대응하기

반성적 물음 ❓

당신은 제3장에서 알게 된 내용을 되새기기 위해 다음과 같은 물음을 활용할 수 있다. 그리고 당신은 동료 교사들과 함께 이러한 물음을 공유할 수 있다.

교사와의 힘겨루기를 유발하는 학생들, 즉 부정적인 방향으로 영향력을 과시하려는 학생들을 배척하기보다는 따뜻한 시선으로 바라보면서 이들의 솔직한 욕구를 헤아려 보면 어떨까?

학업이나 생활 규칙에 관한 중요한 결정이 필요할 때 학생들에게 의견을 요청해 보면 어떨까?

당신은 수업을 포함한 학교생활 전반에 걸쳐서 학생들의 긍정적 참여를 이끌기 위하여 특별한 계획을 지니고 있는가?

당신은 학생들의 마음을 차분하게 할 방법을 지니고 있는가?

제4장

인간관계
맺기

당신이 다른 사람에게 관심을 가지도록
2개월간 노력을 기울인다면,
당신은 다른 사람이 당신에게 관심을 가지도록
2년간 노력을 기울여서 사귈 수 있는 친구의 수보다
더 많은 친구를 사귈 수 있다.

- 데일 카네기(Dale Carnegie) -

내 딸이 고등학교 시절에 나에게 했던 말이 지금도 생생히 기억난다.
"역사 선생님은 진심으로 우리를 응원하시는 분이야. 우리는 선생님
의 따뜻한 눈빛을 느낄 수 있어. 우리가 역사 수업에 적극적으로 참여
하는 까닭은 어쩌면 우리에 대한 선생님의 관심 때문일지도 몰라."

이 장에서는 학습 의욕을 잃은 학생들을 포함한 모든 학생에게 학
습 동기를 부여하기 위해 '학생들과 긍정적인 인간관계를 맺는 것이
왜 중요한지'와 '학생들과 긍정적인 인간관계를 맺을 구체적인 방안'을
다루고 있다.

왜 긍정적인 인간관계를 맺는 것이 중요할까?

학생들과 긍정적인 인간관계를 맺는 것은 이들을 가르치는 데 큰
영향을 끼친다. 즉 교사와 학생 간의 긍정적 인간관계는 학업적 동기

를 불러일으키는 요인이 될 수 있다.

교사와 학생 간의 긍정적 인간관계를 위해 우선 다음과 같이 해보면 어떨까?

＼ 학생들을 진심으로 배려하기

＼ 학생들에게 있는 그대로의 진솔한 모습 보여주기

＼ 학생들의 관심사에 애정 어린 관심 보여주기

＼ 학생들을 응원하고 격려하기

＼ 학생들에게 이들의 단점보다는 장점 알려주기

📖 긍정적인 인간관계를 맺을 방안

아래에는 교사와 학생 간의 긍정적인 인간관계를 맺을 여러 가지 방안이 제시되어 있다. 이러한 방안은 학습 의욕을 잃은 학생들을 포함해서 모든 학생에게 학습 동기를 부여하는 데 도움이 될 것이다.

진솔한 모습 보여주기

교사가 학생들에게 진솔한 모습을 보여주는 것은 교사와 학생 간의 긍정적 인간관계를 형성하는 데 도움이 될 수 있다.

도움말

학생들에게 교사의 진솔한 모습을 보여주기 위해 다음과 같이 해 보면 어떨까?

1. 인간으로서 교사가 지닐 수밖에 없는 불완전성 표현하기

   "요즈음 나는 스트레스를 풀기 위해 저녁에 30분 정도 온라인 게임을 하고 있어. 화가 날 땐 가끔 소리를 지르기도 해."

2. 실수 인정하기

   "너의 이름을 잘못 불러서 미안해. 발음이 틀리지 않도록 노력해 볼게."

3. 응원의 메시지 보내기

   "수학 공부가 쉽지 않다는 것은 누구보다 잘 알고 있어. 하지만 너희들이 포기하지 않고 조금만 더 분발한다면 좋은 결과가 있을 거야. 마음의 힘을 내보렴. 도움이 필요하면 꼭 도움을 요청하렴."

4. 교사의 어린 시절 사진을 보여주면서 추억담 들려주기

5. 학생들의 관심사에 진심으로 공감해 주기

   "너희들은 정말 온라인 게임을 좋아하는구나. 나도 너희들처럼

온라인 게임을 즐기고 싶어."

6. 잘못을 저지른 학생들이 교사에게 용서를 구할 때 기꺼이 이들
   의 마음을 받아들이고 두 팔 벌려 이들을 포옹해 주기

학생들에게 이들 자신은 인격체로서의 소중한 존재임을 주지시키기

교사가 학생들에게 '자신은 인격체로서의 소중한 존재'임을 주지시키는 것은 교사와 학생 간의 긍정적 인간관계를 형성하는 데 도움이 될 수 있다.

도움말

학생들에게 이들 자신은 인격체로서의 소중한 존재임을 주지시키기 위해 다음과 같이 해보면 어떨까?

1. 학생들에게 인격체로서의 자신이 겉으로 드러난 자신의 행동이
   나 행동 결과보다 더 소중하다는 것을 확언하기
   "너희들의 행동이 부정적인 결과를 가져올 수도 있어. 하지만 인격
   체로서의 너희들 자신이 소중하다는 점을 절대로 잊어선 안 돼."

2. 학생들에게 이들 자신은 학급의 중요한 구성원이라는 점을 확언
   하기

   "너희들이 수업을 방해하는 행동을 했기 때문에 이에 합당한 조
   치가 있을 거야. 하지만 너희들 역시 학급의 중요한 구성원이라
   는 점을 잊어선 안 돼."

학업에 관한 의견 물어보기

교사가 학생들에게 학업에 관한 이들의 의견을 물어보고 이에 공감
하는 것은 교사와 학생 간의 긍정적 인간관계를 형성하는 데 도움이
될 수 있다.

도움말

학업에 관한 학생들의 의견을 구하기 위해 다음과 같은 질문을 사
용해 보면 어떨까?

1. "너희들에게 더 좋은 교사가 되려면 무엇을 해야 할까?"

2. "너희들이 학업을 수행하는 데 필요한 도움을 말해 줄래?"

3. "너희들에게 어떤 말과 행동을 자주 하면 좋겠니?"

4. "너희들에게 어떤 말과 행동을 하지 않으면 좋겠니?"

5. "너희들이 바라는 수업 방식을 말해 줄래?"

6. "너희들이 수업 시간에 집중하지 못하는 까닭을 말해 줄래?"

7. "너희들에게 가장 인상적이었던 수업 내용을 말해 줄래?"

8. "너희들이 나에게 고마움을 느낄 때가 언제니?"

9. "너희들이 나에게 미안함을 느낄 때가 언제니?"

10. "학업과 관련해서 너희들이 자랑하고 싶은 일을 말해 줄래?"

11. "너희들이 바라는 수업 시간의 규칙을 말해 줄래?"

12. "너희들이 나에 대해 알고 싶은 것을 말해 줄래?"

13. "너희들이 하고 싶은 교외학습을 말해 줄래?"

14. "수업 내용 중에서 너희들이 이해하지 못한 부분을 말해 줄래?"

15. "너희들의 학습 방식, 취미. 특기, 관심사 등을 말해 줄래?"

16. "너희들이 수업 시간에 만족감을 느끼지 못한다면 그 까닭을 말해 줄래?"

쪽지 편지 보내기

교사가 학생들에게 쪽지 편지를 보내는 것은 교사의 의견이나 요구 사항을 전달하는 데 효과적일 뿐만 아니라 교사와 학생 간의 긍정적 인간관계를 형성하는 데 도움이 될 수 있다.

﹀ 쪽지 편지의 내용은 긍정적이어야 한다.

"오늘 수학 시간에 너의 수업 태도는 훌륭했어. 네가 자랑스러워. 내일 수학 시간에는 분수의 곱셈을 주제로 공부할 거야. 분수의 곱셈 방법에 대해 미리 살펴보면 좋겠어. 내일도 너의 멋진 수업 태도를 보여줄 수 있지?"

﹀ 학생들의 학습 의욕을 불러일으키기 위하여 다음과 같은 긍정적 메시지를 사용해 보면 어떨까?

"네가 내일까지 수학 숙제를 다 할 것이라고 믿고 있어."

"너는 마음만 먹으면 무슨 일이든 잘할 수 있어."

"수학 성적이 떨어진 것에 대해 네가 변명하지 않고 책임질 것이라고 믿고 있어."

진심 어린 칭찬 해주기

교사가 학생들에게 진심 어린 칭찬을 해주는 것은 교사와 학생 간의 긍정적 인간관계를 형성하는 데 도움이 될 수 있다.

＼ 사탕발림의 칭찬은 학생들에게 독이 될 수 있다.

＼ 비난하거나 잘못만을 지적하는 부정적 피드백은 학생들의 자존감을 해칠 수 있다.

＼ 조언과 격려가 담긴 긍정적 피드백은 학생들의 행동과 태도를 바꿀 수 있다.
"이번 수학 시험에서 80점을 받았구나. 80점만큼의 결실은 충분히 칭찬받을 만해. 나머지 20점은 너의 노력으로 만회할 수 있을 거야. 응원할게."

2분 할애하기

교사가 매일 의도적으로 학생 한 명을 선정하여 그 학생에게 2분의 시간을 할애하는 것은 교사와 학생 간의 긍정적 인간관계를 형성하는 데 도움이 될 수 있다(Curwin, Mendler, & Mendler, 2018; Wlodkowski, 1983).

＼ 1교시 수업 시작 전의 아침 시간, 쉬는 시간, 점심시간, 방과

후 시간 등을 활용할 수 있다.

　＼ 선정한 학생에게 2분간의 대화 시도하기

　＼ 대화 주제는 취미, 특기, 희망 사항, 감정 상태, 학업 목표,
　　　수업 태도 등과 같이 학생의 삶과 관련된 것이면 무엇이든
　　　상관없다.

합석하여 점심 식사하기

　교사가 매일 의도적으로 학생 한 명을 선정하여 그 학생과 합석하여 점심 식사 하는 것은 교사와 학생 간의 긍정적 인간관계를 형성하는 데 도움이 될 수 있다.

　＼ 선정한 학생과 합석하여 점심 식사하면서 간단한 일상적 대
　　　화 시도하기

　＼ 물 권유하기, 맛있는 반찬 건네기 등과 같이 식사 중에 친절
　　　베풀기

학생들끼리 서로를 지지하고 응원하는 분위기 조성하기

교사가 학생들끼리 서로를 지지하고 응원하는 분위기를 조성하는 것은 교사와 학생 간의 긍정적 인간관계를 형성하는 데 도움이 될 수 있다.

↘ 종례 시간에 학생들끼리 서로 고마운 점과 미안한 점을 소통하도록 격려하기

↘ 학생들에게 칭찬의 편지 쓰기

↘ 서로를 배려하고 존중하는 학급 분위기 조성하기

↘ 급훈 만들기
"사람을 사랑하고 사랑의 눈으로 세상을 보며, 베푸는 데 자발적인 사람이 되자!"

반성적 물음 ?

당신은 제4장에서 알게 된 내용을 되새기기 위해 다음과 같은 물음을 활용할 수 있다. 그리고 당신은 동료 교사들과 함께 이러한 물음을 공유할 수 있다.

당신은 '교사와 학생 간의 긍정적 인간관계'를 형성할 좋은 방안을 지니고 있는가?

교실에서 학생들은 당신으로부터 환영받고 있다고 느끼는가? 그렇다면 그 비결은 무엇인가?

당신은 학생들에게 따뜻한 시선과 미소를 보내는가?

당신은 학생들에게 관심이 있는가?

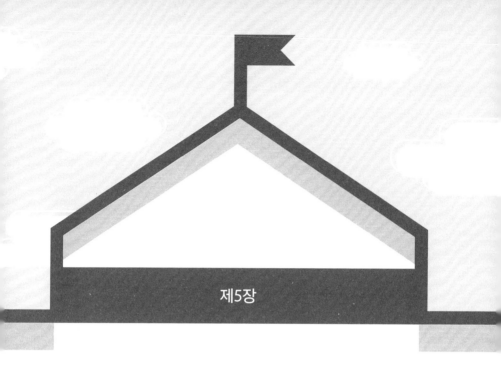

제5장

학습에 대한 열정
불러일으키기

학생들이 학업을 삶의 중요한 요소라고 여기는 순간,
이들에게 학업의 기적이 일어난다.

- 제니퍼 인골드(Jennifer Ingold) -

대체로 우리는 활기차고 열정적인 사람들 곁에 있길 좋아한다. 그 이유는 이들의 열정이 우리에게 긍정의 에너지를 주고 우리 자신의 잠재된 열정을 일깨우기 때문이다.

이 장에서는 학습 의욕을 잃은 학생들을 포함한 모든 학생에게 학습 동기를 부여하기 위해 '학습에 대한 학생들의 열정을 불러일으키는 것이 왜 중요한지'와 '학습에 대한 학생들의 열정을 불러일으킬 구체적인 방안'을 다루고 있다.

📖 왜 학습에 대한 열정을 불러일으키는 것이 중요할까?

수업에 대한 교사의 열정(적극적인 태도, 명쾌한 말투, 긍정적인 몸짓 등)은 학습에 대한 학생들의 열정을 불러일으킨다. 그리고 학습에 대한 열정은 학습에 대한 만족감을 낳고 학업적 동기를 불러일으키는 최대 요인이 된다(Keller, Neumann, & Fischer, 2013).

📖 학습에 대한 열정을 불러일으킬 방안

아래에는 학습에 대한 학생들의 열정을 불러일으킬 여러 가지 방안이 제시되어 있다. 이러한 방안은 학습 의욕을 잃은 학생들을 포함해서 모든 학생에게 학습 동기를 부여하는 데 도움이 될 것이다.

학생들에게 이들의 교사가 된 것을 감사히 여기고 있음을 보여주기

학생들에게 이들의 교사가 된 것을 감사히 여기고 자랑스러워하고 있음을 보여주는 것은 학습에 대한 학생들의 열정을 불러일으키는 데 도움이 될 수 있다.

학생들 앞에서 다음과 같은 말을 사용해 보면 어떨까?

"너희들이 밝은 모습으로 수업에 참여해 주는 것만으로도 고마울 뿐이야."

"너희들이 ~했을 때 너무 감동적이었어."

"너희들의 수업 태도를 보고, 내가 교사가 된 것이 엄청난 행운임을 느끼게 되었어."

"학습에 정성을 기울이는 너희들이 정말 자랑스러워."

가르침에 대한 열정 보여주기

교사가 학생들에게 가르침에 대한 열정을 보여주는 것은 학습에 대한 이들의 열정을 불러일으키는 데 도움이 될 수 있다.

- 가르침에 대한 열정은 학습에 대한 학생들의 열정으로 전이된다.
- 가르침에 대한 열정은 곧 가르침을 사랑하고 즐기는 것이다.
- 가르침에 대한 열정은 가르치는 내용에 대한 열정이지, 학생들에 대한 열정이 아니다.
- 교사는 유명한 연설자의 연설 모습을 보면서 열정을 표현하는 방법을 배워야 한다.

평생 학습자로서의 모습 보여주기

교사가 학생들에게 평생 학습자로서의 모습을 보여주는 것은 학습에 대한 이들의 열정을 불러일으키는 데 도움이 될 수 있다.

도움말

학생들 앞에서 다음과 같은 모습을 보여주면 어떨까?

1. 다양한 수업 자료를 사용하려는 모습 보여주기

2. 교과 내용과 관련된 새로운 아이디어를 제시하려는 모습 보여주기

3. 학생들의 질문에 진지하게 답하려는 모습 보여주기

4. 학생들의 의견에 진지하게 귀 기울이려는 모습 보여주기

5. 항상 뭔가를 배우고 탐구하려는 모습 보여주기

6. 틈틈이 책 읽는 모습 보여주기

웃음의 순간 만들기

수업 시간에 교사가 웃음의 순간을 만드는 것은 학습에 대한 학생들의 열정을 불러일으키는 데 도움이 될 수 있다.

＼ 웃음은 심장, 폐, 근육 등과 같은 신체 기관을 활성화하고

스트레스와 여러 가지 통증을 완화해 주며, 면역 체계를 개
선하고 심리적 만족감을 높여준다(Mayo Clinic, 2019).

＼ 수업 시간에 틈틈이 수수께끼나 유머를 사용하여 학생들의
웃음 자아내기

＼ 수업 시간에 틈틈이 학생들의 우스갯소리 활용하기

학생들의 주의와 관심 사로잡기

수업 시간에 교사가 학생들의 주의와 관심을 사로잡는 것은 학습에
대한 이들의 열정을 불러일으키는 데 도움이 될 수 있다.

도움말

학생들의 주의와 관심을 사로잡기 위해 다음과 같이 해보면 어떨까?

1. 몇 분 안에 해결할 수 있는 수수께끼나 퍼즐 활용하기(문제를 해
   결한 학생에게 작은 보상 제공하기)

2. 학생들의 주의를 불러일으키는 말 사용하기
   "이 내용은 너희들에게 훌륭한 교훈이 될 거야. 그 이유는…"
   "지금 너희들은 학창 시절 때 내 마음을 완전히 사로잡은 내용

을 배우고 있는 거야. 왜 내 마음이 사로잡혔는지 생각해 보렴."

"이 내용에는 사람들 대부분이 알지 못하는 진실이 담겨 있어. 그 진실을 찾아볼까?"

"오늘 수업은 정말 기대가 돼. 그 이유는…."

"이렇게도 지루한 수업이 너희들에게 얼마나 중요할지 믿을 수 없을 거야. 너희들이 지금의 수업에 집중해 보면 내 말을 이해하게 될 거야."

3. 학생들에게 직접 주의와 관심을 사로잡는 방법 물어보기

"내가 어떻게 하면 너희들의 주의와 관심을 사로잡을 수 있을까?"

잠시 멈추기

수업 시간에 교사가 학생들에게 잠시 멈춤의 시간을 적용하는 것은 학습에 대한 이들의 열정을 불러일으키는 데 도움이 될 수 있다.

- ＼ '잠시 멈춤의 시간'이란 잠시 눈을 감고 마음을 차분하게 하는 시간을 일컫는다.

- ＼ 수업 시작 전에 잠시 멈춤의 시간 갖기

"최선을 다하겠다는 마음의 다짐을 해보렴."

＼ 수업 중 학습활동 전에 잠시 멈춤의 시간 갖기

"학습활동 순서를 생각해 보렴."

＼ 수업 중 학습활동 후에 잠시 멈춤의 시간 갖기

"학습활동의 만족감을 느껴 보렴."

＼ 수업 종료 후에 잠시 멈춤의 시간 갖기

"이번 시간에 배운 내용을 떠올려 보렴."

＼ 종례 시간에 잠시 멈춤의 시간 갖기

"오늘 최선을 다한 너희들 자신을 칭찬해 보렴."

상황극과 음악 활용하기

모든 학생에게 적합한 하나의 학습 방식은 존재하지 않는다 (Gardner, 1983; Malvik, 2020). 예컨대 몇몇 학생들에게는 듣고 말하기 위주의 학습 방식이 적합할 수 있고, 또 다른 학생들에게는 읽고 쓰기 위주의 학습 방식이 적합할 수 있다는 것이다. 이러한 맥락에서 교사는 수업 시간에 학생들의 학습 만족도를 높이고 학습

에 대한 열정을 불러일으키기 위해 수업 방법을 다양화할 필요가
있다.

\ 상황극 활용하기
- 상황극은 학습 내용에 대한 재구성 능력, 역할 인지와 책
   임, 협동, 표현, 사실감 등을 필요로 하는 고차원적 학습
   방식이다.
- 상황극은 학생들의 흥미를 자아내는 학습 방식이다.

\ 음악 활용하기
- 개별 또는 모둠별 학습 시간에 잔잔한 음악을 들려줌으로
   써 학생들의 정서적 안정을 꾀할 수 있다.
- 음악을 학습에 대한 보상(문제를 해결하면 가장 좋아하는
   음악을 들려줌)으로 활용할 수 있다.
- 학습 내용을 노랫말로 만드는 활동을 함으로써 학생들의
   흥미를 자아낼 수 있다.

생활 속의 이야깃거리 활용하기

수업 시간에 교사가 생활 속의 이야깃거리를 활용하는 것은 학습에
대한 학생들의 열정을 불러일으키는 데 도움이 될 수 있다.

ㄴ 자연재해와 관련된 이야깃거리 활용하기

– 학생들 대부분은 자연재해와 관련된 이야깃거리에 관심이 많은 편이다.

"해일 관련 영상을 보고 나서, 해일을 막을 만한 방파제를 설계해 보렴."

"홍수 관련 영상을 보고 나서, 불어난 댐의 물의 양을 계산해 보렴."

ㄴ 음식과 관련된 이야깃거리 활용하기

– 학생들 대부분은 음식과 관련된 이야깃거리에 관심이 많은 편이다.

"군대 음식 관련 영상을 보고 나서, 군인들에게 알맞은 1주일 식단을 짜 보렴."

"삼계탕 관련 영상을 보고 나서, 삼계탕이 왜 보양식인지 그 이유를 적어 보렴."

ㄴ 스포츠와 관련된 이야깃거리 활용하기

– 학생들 대부분은 스포츠와 관련된 이야깃거리에 관심이 많은 편이다.

"A팀의 축구 경기 영상을 보고 나서, A팀이 이긴 이유를 적어 보렴."

"○○ 선수의 약물 복용 관련 영상을 보고 나서, ○○ 선수의 말과 행동을 비판하는 글을 써 보렴."

특별한 행사의 날 마련하기

방 안의 가구를 재배치하면 방 분위기가 새로워지는 것처럼, 교사가 특별한 행사의 날을 마련하면 교실 분위기가 새로워질 뿐만 아니라 학습에 대한 학생들의 열정을 불러일으키는 데에도 도움이 될 수 있다.

＼ 가장 어울리지 않는 옷차림으로 등교하는 날

＼ 짝짝이 양말을 신고 등교하는 날

＼ 가장 단정한 옷차림으로 등교하는 날

＼ 선글라스 끼고 등교하는 날

＼ 가장 좋아하는 만화 주인공 옷차림으로 등교하는 날

＼ 가장 화려한 모자 쓰고 등교하는 날

개방형 질문 사용하기

수업 시간에 교사가 개방형 질문을 사용하는 것은 학습에 대한 학생들의 열정을 불러일으키는 데 도움이 될 수 있다.

> ＼ 개방형 질문은 사고의 폭을 넓혀준다.
> "임진왜란 때 이순신 장군이 해전에서 승리를 거둔 까닭은 무엇일까?"
> "내가 모험 이야기 속의 주인공이라면, 내가 할 수 있는 모험은 뭘까?"
> "오늘 내가 행복하다면, 그 까닭은 뭘까?"

비디오 게임을 학습 도구로 활용하기

교사가 비디오 게임을 학습 도구로 활용하는 것은 학습에 대한 학생들의 열정을 불러일으키는 데 도움이 될 수 있다.

> ＼ 비디오 게임은 창의력과 응용력을 요구한다.
> ＼ 비디오 게임은 문제 해결에 이르는 과정을 보여준다.

\ 비디오 게임은 특정 교과 내용을 보완할 수 있다.

　– '마인크래프트'라는 게임은 건축, 농사, 사냥, 날씨 등과 같은 정보를 요구한다.

\ 비디오 게임은 흥미가 있고 즉각적인 피드백과 성취감을 제공한다.

\ 비디오 게임은 적정한 이용 시간(하루에 1시간 이하)이 지켜질 때 사회·정서적 안정감과 적응력을 제공한다(Przybylski, 2014).

\ 학생들이 좋아하는 비디오 게임의 성향을 파악하면, 특정 교과 내용을 보완하는 데 좀 더 효율적으로 비디오 게임을 활용할 수 있다.

반성적 물음 ❓

당신은 제5장에서 알게 된 내용을 되새기기 위해 다음과 같은 물음을 활용할 수 있다. 그리고 당신은 동료 교사들과 함께 이러한 물음을 공유할 수 있다.

학습에 대한 학생들의 열정을 불러일으키는 가장 좋은 방법은 교사가 가르침을 즐기고 학생들에게 학습의 즐거움을 가져다주는 것이다. 당신은 학생들에게 학습의 즐거움을 가져다주기 위해 무엇을 실천하고 있는가?

당신은 학생들의 유쾌하고 긍정적인 웃음을 자아내기 위해 무엇을 실천하고 있는가?

잠시 멈춤의 시간이란 잠시 눈을 감고 마음을 차분하게 하는 시간을 일컫는다. 당신은 매일 한두 번씩 학생들에게 잠시 멈춤의 시간을 부여하는가?

교사가 특별한 행사의 날을 마련하면 교실 분위기가 새로워진다. 당신의 교실에서 행해진 특별한 행사의 날은 무엇인가?

끝맺음

포기하지
마세요

용기란 씩씩하고 굳센 기운만을 일컫는 것이 아니다.
하루를 마무리하면서 자기 자신에게
'내일 다시 해볼 거야'라고 속삭이는 것도 용기일 수 있다.

- 매리 앤 래드마커(Mary Anne Radmacher) -

나는 다음과 같은 제언으로 끝맺고자 한다.

- 교사는 학업으로 인해 좌절감을 느끼는 학생이든 우월감을 느끼는 학생이든 간에 모든 학생에게 관심과 배려심을 보여야 한다.

- 교사는 학생의 긍정적 변화에 영향을 끼칠 수 있다는 확고한 믿음을 지녀야 한다.

- 교사의 낙관주의적 교육관과 인생관은 학생의 학업적 태도에 바람직한 영향을 끼친다.

- 교사는 평생 학습자가 되어야 한다.

- 학생의 성장에 대한 교사의 기대감은 학생의 성장에 긍정적 영향을 끼친다.

＼ 자포자기하는 학생들이 있더라도 교사는 이러한 학생들을
포기해선 안 된다.

＼ 교사는 학생의 학업적 열정을 느낄 때 가장 행복하다.

📖 참고 문헌

- Ackerman, C. E. (2020, January). *28 benefits of gratitude and most significant research findings.*
  Accessed at https://positivepsychology.com/benefits-gratitude−research−questions on October 26, 2020.

- Bowen, D. H., & Kisida, B. (2019). *Investigating causal effects of arts education experiences: Experimental evidence from Houston's Arts Access Initiative.*
  Accessed at www.brookings.edu/blog/brown−center−chalkboard/2019/02/12/new−evidence−of−the−benefits−of−arts−education on January 18, 2021.

- Boyatzis, R. E., Smith, M., & Van Oosten, E. (2019). *Helping people change: Coaching with compassion for lifelong learning and growth.* Boston: Harvard Business Review Press.

- Brainyquote. (n.d.a.). *Lily Tomlin quotes.*

Accessed at www.brainyquote.com/quotes/lily_
tomlin_379145 on January 15, 2021.

- Brainyquote. (n.d.b.). *Venus Williams quotes.*
  Accessed at www.brainyquote.com/quotes/venus_
  williams_444307 on January 15, 2021.

- Bryan, C. (2018). *Sexism rears its ugly head at the U.S.
  Open*.
  Accessed at https://mashable.com/article/serena-
  williams-naomi-osaka-us-open on November 10,
  2020.

- Bureau of Labor Statistics. (2019, October 21). *Median
  weekly earnings $606 for HS dropouts, $1559 for
  advanced degree holders*.
  Accessed at https://www.bls.gov/opub/ted/2019/
  median-weekly-earnings-606-for-high-school-
  dropouts-1559-for-advanced-degree-holders.
  htm?view_full on September 30, 2020.

- Camp, J. (2017, October). *Homework: More time on
  task* [Blog post].
  Accessed at https://ed100.org/blog/homework on

January 19, 2021.

- Carlyle, J. (2018). *Productivity.*
Accessed at https://management30.com/blog/writing–down–goals–for–success on January 18, 2021.

- Collier, L. (2015, June). Grabbing students. *American Psychological Association Monitor*, 46(6), 58.
Accessed at www.apa.org/monitor/2015/06/grabbing–students on September 30, 2020.

- Cooper, H., Robinson, J. C., & Patall, E. A. (2006). Does homework improve academic achievement? A synthesis of research, 1987–2003. *Review of Educational Research, 76*(1), 1–62.

- Csikszentmihalyi, M. (1990). *Flow: The psychology of optimal experience.* New York: Harper & Row.

- Curwin, R. L., Mendler, A. N., & Mendler, B. D. (2018). *Discipline with dignity: How to build responsibility, relationships, and respect in your classroom*(4th ed.). Alexandria, VA: Association for Supervision and Curriculum Development.

- Czeisler, M., Lane, R., Petrosky E.,Wiley, J., Christensen, A., & Njai, R., et al.(2020, June). Mental health, substance use, and suicidal ideation during the COVID−19 pandemic—United States, June 24−30, 2020. *Morbidity and Mortality Weekly Report, 69*(32), 1049–1057.
  Accessed at www.cdc.gov/mmwr/volumes/69/wr/mm6932a1.htm on January 18, 2021.

- DeJong, C., Aguilar, T.,Tseng, C.−W., Lin, G. A., Boscardin, W. J., & Adams Dudley, R. (2016). Pharmaceutical industry–sponsored meals and physician prescribing patterns. *JAMA Internal Medicine, 176*(8), 1114–1122.

- Dweck, C. (2016). *Mindset: The new psychology of success*. New York: Random House.

- Edutopia. (2018, August). *60 second strategy: Appreciation, apology, aha!* [Video file].
  Accessed at www.edutopia.org/video/60−second−strategy−appreciation−apology−aha on September 30, 2020.

- Encyclopaedia Britannica. (2020). *Marbury v. Madison key facts*.
Accessed at www.britannica.com/summary/Marbury-v-Madison-Key-Facts on January 18, 2021.

- Galloway, M., Conner, J., & Pope, D. (2013, July). Nonacademic effects of homework in privileged, high-performing high schools. *The Journal of Experimental Education, 81*(4), 490–510.

- Gallup. (2016). 2016 *Gallup student poll: A snapshot of results and findings*.
Accessed at www.sac.edu/research/PublishingImages/Pages/research-studies/2016%20Gallup%20Student%20Poll%20Snapshot%20Report%20Final.pdf on September 30, 2020.

- Gardner. (1983). *Frames of mind: The theory of multiple intelligences*. New York: Basic Books.

- Goodreads. (n.d.a). *H. Jackson Brown Jr. quotes*.
Accessed at www.goodreads.com/quotes/2340-twenty-years-from-now-you-will-be-more-disappointed-by on January 15, 2021.

- Goodreads. (n.d.b). *Martin Luther King Jr. quotes*.
  Accessed at www.goodreads.com/quotes/26963–if–you–can–t–fly–then–run–if–you–can–t–run on January 15, 2021.

- Grant, M. (2018, July). *Why you forgot everything you learned in school*.
  Accessed at www.urbo.com/content/school–dazed–why–you–forgot–everything–you–learned–in–school on October 23, 2020.

- Greene, B. (2019). *The psychology of writing down goals*.
  Accessed at www.newtechnorthwest.com/the–psychology–of–writing–down–goals on January 18, 2021.

- Hagen, P. (2015). *Commissioner Manfred denies reinstatement for Rose*.
  Accessed at www.mlb.com/news/mlb–commissioner–manfred–denies–pete–rose/c–159618258 on November 10, 2020.

- Heick, T. (2018, September). *Why teaching with music is so effective*.

Accessed at www.teachthought.com/pedagogy/why-teaching-with-music-is-so-effective on September 30, 2020.

- Hulleman, C. S., & Harackiewicz, J. M. (2009, December). Promoting interest and performance in high school science classes. *Science, 326*(5958), 1410-1412.
  Accessed at www.sciencemag.org/content/326/5958/1410 on September 30, 2020.

- Jones, C. (2018, May). *A new venue for video games: K-12 classrooms.*
  Accessed at https://edsource.org/2018/a-new-venue-for-video-games-k-12-classrooms/597100 on September 30, 2020.

- Juma, N. (2019). 50 Michael Jordan quotes about winning in life.
  Accessed at https://everydaypower.com/michael-jordan-quotes on January 18, 2021.

- Kavilanz, P. (2017, January). *Teachers welcome standing desks in the classroom.*

Accessed at https://money.cnn.com/2017/01/10/ smallbusiness/jaswig-standing-desk-schools/index. html on September 30, 2020.

- Keller, M., Neumann, K., & Fischer, H. E. (2013). Teacher enthusiasm and student learning. In J. Hattie & E. M. Anderman (Eds.), *Educational psychology handbook series: International guide to student achievement* (pp. 247-249). New York: Routledge.

- Kelloway, R. (2020, February). Why understanding what trauma does to the brain helps you heal. Accessed at https://life-care-wellness.com/ understanding-what-trauma-does-to-the-brain- helps-you-heal on January 18, 2021.

- Kumar, A., & Epley, N. (2018). *Undervaluing gratitude: Expressers misunderstand the consequences of showing appreciation.* Accessed at https://pubmed.ncbi.nlm.nih.gov/29949445 on January 18, 2021.

- Langer, E. J. (1989). Minding matters: The consequences of mindlessness-mindfulness. In L. Berkowitz (Ed.),

Advances in experimental social psychology (Vol. 22; pp. 137-173). New York: Academic Press.

- Leeb R. T., Bitsko, R. H., Radhakrishnan, L., Martinez, P., Njai, R., & Holland, K. M. (2020, November). Mental health-related emergency department visits among children aged <18 years during the COVID-19 pandemic—United States, January 1-October 17, 2020. Morbidity and Mortality Weekly Report, 69(45), 1675-1680.
Accessed at www.cdc.gov/mmwr/volumes/69/wr/mm6945a3.htms_cid=mm6945a3_w on January 18, 2021.

- Loewus, L. (2012, March). Survey: Students perceive teachers as uncaring.
Accessed at www.edweek.org/leadership/survey-students-perceive-teachers-as-uncaring /2012/03 on January 18, 2021.

- Malvik, C. (2020). *4 types of learning styles: How to accommodate a diverse group of students*.
Accessed at www.rasmussen.edu/degrees/education/blog/types-of-learning-styles on January 18, 2021.

- Mason, C., Rivers Murphy, M. M., & Jackson, Y. (2018). *Mindfulness practices: Cultivating heart-centered communities where students focus and flourish.* Bloomington, IN: Solution Tree Press.

- Matthewson, T. G. (2019, March). *How to unlock students' internal drive for learning.* Accessed at https://hechingerreport.org/intrinsic-motivation-is-key-to-student-achievement-but-schools-kill-it on September 30, 2020.

- Mayo Clinic. (2019, April). *Stress relief from laughter? It's no joke.* Accessed at www.mayoclinic.org/healthy-lifestyle/stress-management/in-depth/stress-relief/art-20044456 on September 30, 2020.

- McKenna, L. (2018). *Will letter grades survive?* Accessed at www.edutopia.org/article/will-letter-grades-survive on January 18, 2021.

- Mears, D. P., Moon, M., & Thielo, A. J. (2017). *Columbine revisited: Myths andrealities about the bullying-school shootings connection.*

Accessed at https://fsu.digital.flvc.org/islandora/object/
fsu:639840/datastream/PDF/view on January 18, 2021.

- Mendler, A. N. (1990). *Smiling at yourself: Educating young children about stress and self-esteem*. Scotts Valley, CA: ETR Associates.

- Mendler, A. N. (2005). *More what do I do when...?: Powerful strategies to promote positive behaviors*. Bloomington, IN: Solution Tree Press.

- Mendler, A. N. (2012). *When teaching gets tough: Smart ways to reclaim your game*. Alexandria, VA: Association for Supervision and Curriculum Development.

- Mendler, A. N. (2014a). *The resilient teacher: How do I stay positive and effective when dealing with difficult people and policies?* Alexandria, VA: Association for Supervision and Curriculum Development.

- Mendler, A. (2014b). *Why do we need to learn this?* [Blog post].
  Accessed at www.edutopia.org/blog/why-do-we-need-to-learn-this-allen-mendler on October 9, 2020.

- Mendler, A. N., & Curwin, R. L. (1999). *Discipline with dignity for challenging youth*. Bloomington, IN: Solution Tree Press.

- Mendler, A. N., & Mendler, B. D. (2012). *Power struggles: Successful techniques for educators* (2nd ed.). Bloomington, IN: Solution Tree Press.

- Mendler, A. N., & Mendler, B. D. (2019). *Motivating and managing student behavior with dignity (quick reference guide)*. Alexandria, VA: Association for Supervision and Curriculum Development.

- Minahan, J. (2019). Building positive relationships with students struggling with mental health. *Phi Delta Kappan, 100*(6), 56–59.

- Mulvahill, E. (2017, December 31). *8 ways to sneak in exercise at work*.[Blog post]. Accessed at www.weareteachers.com/exercise-at-work on September 30, 2020.

- Murphy, M. (2020). *The gender gap and goal wetting*. Accessed at www.leadershipiq .com/blogs/leadershipiq/35353793–

are-smart-goals-dumb on January 18, 2021.

- Norris, E., van Steen, T., Direito, A., & Stamatakis, E (2020). Physically active lessons in schools and their impact on physical activity, educational, health and cognition outcomes: A systematic review and meta-analysis. *British Journal of Sports Medicine, 54*(14), 826-838.
Accessed at https://bjsm.bmj.com/content/54/14/826 on September 30, 2020.

- Przybylski, A. K. (2014). *Electronic gaming and psychosocial adjustment.*
Accessed at https://pediatrics.aappublications.org/content/pediatrics/early/2014/07/29/peds.2013-4021 on January 18, 2021.

- Qingguo, M., Guanxiong, P., & Liang, M. (2017). Inverted U-shaped curvilinear relationship between challenge and one's intrinsic motivation: Evidence from event-related potentials.
Accessed at www.ncbi.nlm.nih.gov/pmc/articles/PMC5368271 on January 18, 2021.

- Regan, D. T. (1971). Effects of a favor and liking on compliance. *Journal of Experimental Social Psychology, 7*, 627-639.

- Seith, R. (2017). *Kids nag; parents cave.* Accessed at https://connectwithkids.com/tipsheet2015/2002/81_jul17/nag.html on January 18, 2021.

- TalktoCanada.com. (n.d.). *The benefits of being a vulnerable teacher* [Blog post]. Accessed at www.talktocanada.com/blog/the-benefits-of-being-a-vulnerable-teacher on October 9, 2020.

- Watson, M. (2019). Students growth measures: *What we've been missing.* Accessed at https://kappanonline.org/student-growth-measures-assessments-watson on January 18, 2021.

- Wiburg, K. (2017). Cracks in algebra foundations: Designing games to fill them. In P. Resta & S. Smith (Eds.), *Proceedings of Society for Information Technology & Teacher Education International Conference* (pp. 2035-2042). Austin, TX: Association for the Advancement of Computing in Education (AACE).

- Wlodkowski, R. J. (1983). *The M. O. S. T. program: Motivational opportunities for successful teaching (Leader's Guide)*. Phoenix, AZ: Universal Dimensions.

- Young, J. (2019). *Gerrit Cole agrees to historic $324 million deal with Yankees, reports say.*
Accessed at www.cnbc.com/amp/2019/12/11/gerrit-cole-agrees-to-historic-324-million-deal-with-yankees-reports.html on January 19, 2021.

- Zalewski, D. (2020). *7 educational benefits of Minecraft.*
Accessed at www.darcyandbrian.com/7-educational-benefits-of-minecraft/#:~:text on January 18, 2021.

학생들의
학습 의욕
일깨우기

펴낸날 2025년 3월 5일

지은이 앨런 N. 멘들러
옮긴이 안찬성
펴낸이 주계수 | **편집책임** 이슬기 | **꾸민이** 전은정

펴낸곳 밥북 | **출판등록** 제 2014-000085 호
주소 서울시 마포구 양화로 156 LG팰리스 917호
전화 02-6925-0370 | **팩스** 02-6925-0380
홈페이지 www.bobbook.co.kr | **이메일** bobbook@hanmail.net

© 앨런 N. 멘들러, 2025.
ISBN 979-11-7223-064-7 (13370)

※ 이 책은 저작권법에 따라 보호받는 저작물이므로 무단전재와 복제를 금합니다.